冷凍できるお弁当
ミールプレップ

牛尾理恵

MEAL PREP

JN048544

PROLOGUE

一気に4食分を作る！
栄養バランス弁当
ミールプレップの新習慣！

私はダイエットをきっかけに筋トレをするようになって3年以上が経ちますが、
体づくりにいちばん大切なのは日々の食事だということを実感しています。
とはいえ、毎日きちんと3食の栄養を計算して調理するのは大変ですし、
忙しいときは食事のタイミングが難しいこともあります。

そんな悩みを解決してくれるのが「ミールプレップ」です。
これは、Meal（食事）＋ Preparation（準備）の意味で、
弁当文化のない海外のトレーニー（筋トレでボディメイクをしている人）が、
きちんと栄養計算された献立を数食分ずつ準備しておくという方法です。

その発想をもとに、この本で紹介するお弁当は、
一気に4食分を作って1食分ずつ詰め合わせて冷凍しておくもので、
食べたいときは電子レンジで温めるだけ。単にホカホカにするだけでなく
スチーム効果もあるので、パサつきがちな玄米や、赤身の肉、魚も
しっとりした状態でいただくことができます。

また、体づくりは意識していなくても、家族に健康でいてもらえるよう、
バランスのとれた食事をいつでも食べられるようにしておきたい。
ミールプレップは、そんな想いも詰まった新発想の「作りおき弁当」です。

——————————　牛尾理恵

こんなにすごい！ ミールプレップ

エネルギーと栄養バランスを管理できる作りおきの冷凍弁当、
ミールプレップ。忙しくて時間がない人にこそ、おすすめの食事です。

基本は冷凍保存！

POINT_1

栄養の管理ができる！

1食あたりのエネルギーは450～
500kcalを目標としたうえで、タ
ンパク質（P）30g、脂質（F）15g、
炭水化物（C）60gを理想的な数値
として献立を考えています。ただ
し、低糖質レシピはこの設定には
当てはまりません。

POINT_2

すぐ食べられる！

おかずを作る手間は、1食分でも4食分でも
同じ。4食分を一気に作って、1食分ずつご
はんとともに容器に詰めて冷凍しておくお弁
当なので、食べたいときにすぐ食べられます。

POINT_3

節約できる！

食材を安いときに購入して、作りおきで上手
に使いきれば節約になります。冷蔵の作りお
きは傷みやすくて食材が無駄になりがちです
が、冷凍弁当なら心配ありません。

［ 主食150g ］

ごはんは白米ではなく、なる
べく玄米や雑穀米、五穀米な
どにするのがおすすめです。
1食あたり150gを目安に。

食べるときはレンチンでOK!

［ 副菜 ］

緑黄色野菜、淡色野菜、豆、
きのこ、海藻を使ったおかず
を1～2品添え、不足しがち
なビタミンやミネラルを補給。

［ 主菜 ］

鶏肉、豚肉、牛肉、魚をメイ
ンにしたおかず。食材はなる
べく、高タンパク・低脂質の
ものを選ぶのがベストです。

MEMO

PFCバランスのよい理想的なお弁当を手軽に

三大栄養素のタンパク質 (Protein)、脂質 (Fat)、炭水化
物 (Carbohydrate) から得るエネルギーの比率が、PFCバ
ランス。この割合が適正なミールプレップを利用すること
で、理想的な食事を手軽に毎日続けられます。

こんな人におすすめ! ミールプレップ

理想的な食事として名高いミールプレップは、どんな人に向いているのでしょうか。
自分に当てはまるタイプがあったらぜひ、今日から始めてみてください!

TYPE_1

筋トレ&
ダイエットに

TYPE_2

一人暮らしの
栄養管理に

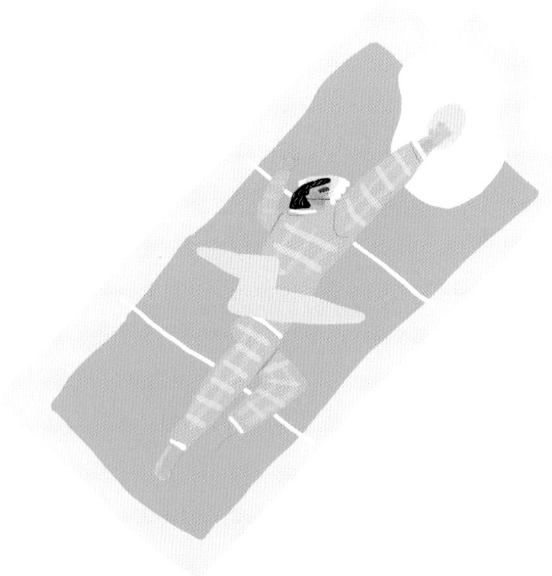

栄養管理までするのは難しい
という人にぴったり!

筋トレでは、トレーニングに合わせてタンパク質などを効果的に取り入れる必要があります。また、ダイエットで極端に食事を制限すると、一時的には減量できてもリバウンドの可能性が高く、要注意です。筋トレで美しい筋肉を増やしたい、健康的にやせたいという人は、まず食事の見直しを。PFCバランスが整った1食約500kcalの最強ダイエット食ミールプレップで、理想的な体を手に入れましょう。

栄養が偏りがちなので
冷凍室にあると安心!

食事は外食やコンビニ弁当ばかりという、一人暮らしの人も多いはず。それが続くと、脂肪や塩分の過剰摂取で肥満や生活習慣病を引き起こすことも…。そこで、ミールプレップを作っておくと安心です。作り方はシンプルで、自炊が初めてでも大丈夫。これさえ冷凍室にあれば、電子レンジで温めるだけで、きちんとした食事ができます。栄養をしっかりとって、毎日元気に過ごしましょう。

TYPE_3

離れて暮らす
親のために

TYPE_4

夜遅く帰って
きたときに

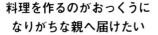

料理を作るのがおっくうに
なりがちな親へ届けたい

故郷にいる親がきちんと食事をしているか気になったら、ミールプレップをまとめて作り、クール便で送ってあげましょう。高齢者でもおいしく食べられるメニューも豊富にあります。そのうえ、栄養バランスを整えやすいので、健康管理にも役立ちます。特にタンパク質量が多いお弁当なので、筋肉や体力がつくようになり、健康寿命を延ばすきっかけにもなるかもしれません。

終電で帰ってきたときの
自分のためにも家族にも◎

帰宅時間が夜遅くなると、食事に困ることがあります。帰りがけに惣菜を買い込み、深夜に食べてすぐ寝てしまう人も多いのでは。惣菜は高カロリーなものも多いので、食べすぎには要注意です。対して、適正カロリーのミールプレップは安心して食べられます。美容を気にしている人は、ごはんの量を減らすといいでしょう。なるべく消化のいいお弁当を選ぶのもポイントです。

CONTENTS

まずは基本を
押さえよう！

PART 1 ミールプレップの基本
BASIC OF MEAL PREP

PART 2 肉がメインのミールプレップ
MEAT MEAL PREP

CHICKEN MEAL PREP

PORK MEAL PREP

BEEF MEAL PREP

PART 3 魚がメインのミールプレップ
FISH MEAL PREP

しっかり
栄養補給

作りおきで
節約もできる

PART 4 ワンディッシュの ミールプレップ
ONE DISH MEAL PREP

PART 5 糖質低めの ミールプレップ
LOW-CARBS MEAL PREP

PART 6 ミニ ミールプレップ
MINI MEAL PREP

▶ 本書では、健康や美容が気になる人に向けて、エネルギー量と栄養バランスを管理できる「ミールプレップ」について紹介しています。このお弁当を冷凍しておけば、食生活が乱れがちな人も栄養バランスのいい食事を続けるのに役立ちます。

▶ レシピの分量は4食分を基本とし、料理によっては作りやすい分量を掲載しています。

▶ 計量単位は、大さじ1＝15mℓ、小さじ1＝5mℓです。「少々」は小さじ1/6未満、「適量」はちょうどよいと思う量を入れることを示しています。

▶ フライパンは、フッ素樹脂加工のものを使用しています。

▶ 電子レンジの加熱時間は600Wを基本としています。500Wの場合は加熱時間を1.2倍にしてください。機種により多少異なることもあるため、様子を見て加減してください。

▶ オーブンはガスオーブンを使用しています。電気オーブンの場合は火力が異なるため、加熱温度を10～20℃高めに設定するといいでしょう。調節しながら使用してください。

▶ 牛肉は、脂肪の少ない輸入牛肉を使っています。

▶ だし汁は、かつお節と昆布でとったものを使っています。

▶ 野菜類の下処理について特に表記がない場合は、洗う、皮をむくなどの作業は済ませたものとしています。

▶ でき上がりが温かいおかずやごはんは、粗熱が取れた状態で冷蔵・冷凍してください。

▶ 冷凍した場合は2週間を目安に、冷蔵した場合は3日を目安に食べきってください。温め時間マークのないミールプレップは冷凍不可です。

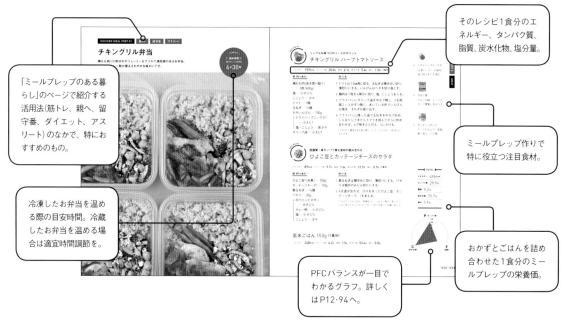

そのレシピ1食分のエネルギー、タンパク質、脂質、炭水化物、塩分量。

「ミールプレップのある暮らし」のページで紹介する活用法（筋トレ、親へ、留守番、ダイエット、アスリート）のなかで、特におすすめのもの。

ミールプレップ作りで特に役立つ注目食材。

冷凍したお弁当を温める際の目安時間。冷蔵したお弁当を温める場合は適宜時間調節を。

おかずとごはんを詰め合わせた1食分のミールプレップの栄養価。

PFCバランスが一目でわかるグラフ。詳しくはP12・94へ。

PART **1**

どんな食事なのかがわかる

ミールプレップの
基本

BASIC OF MEAL PREP

まずは、ミールプレップの定義や栄養のことから、
容器や保存法についてまで、いろいろチェックしておきましょう。
いざ料理する前に知っておくと役立つ基本を押さえて。

まずは
ここから！

1
BASIC OF MEAL PREP

そもそもミールプレップって何？

海外で大流行のミールプレップとは、そもそもどんなものなのか。
栄養バランスの整った冷凍弁当ミールプレップの秘密を探りましょう。

MEAL + PREP
[食事]　　　　　　　　　　　[準備]

=

作りおき弁当

理想的なPFCバランスを実現した
栄養満点のお弁当

本書のミールプレップはPFCの目標量 (g) を設定
し（→P4）、それぞれエネルギーに換算（→P94）。
この数値を100とし、各お弁当の充足率をグラフ
で表示しています（ただし、低糖質レシピは目標
量が異なるため、単純にPFCのエネルギー比率
を円グラフで表示）。どのお弁当も栄養満点なの
で、何かと忙しい現代人、ダイエットや筋トレに
励む人におすすめです。

食べるときに冷凍室から
取り出してレンチンするだけ

4食分をまとめて作って冷凍しておくミールプレ
ップは、食べるときに電子レンジで加熱するだけ
でOK。いつもできたてのおいしさを味わうこと
ができます。週末に2〜3種類のミールプレップ
を作っておけば、自分のランチや夕食のほか、家
族のごはんとしても活用できて便利。忙しくて自
炊できないときやトレーニング前後の、栄養管理
のためにもぴったりなお弁当です。

1食 = 450〜500 kcal

タンパク質30g、
脂質15g、炭水化物60g

4食分を一気に作る！

2

BASIC OF MEAL PREP

ミールプレップ作りの流れ

まずは、ざっくりとした手順を把握しておきましょう。
コツなどは P16 からより詳しく紹介しています。

① 主食を用意する
(→ P16)

ごはんなら、白米ではなく
玄米や雑穀米にするのがベスト

ごはんは、1食あたり150gを基本としています。ダイエットやトレーニングが目的の場合は、白米よりもビタミンやミネラル、食物繊維の多い玄米や雑穀玄米、雑穀米にするのがおすすめです。糖質量はほぼ変わらないので、なるべく栄養価の高いものを選ぶこと。糖質低めの食事にするなら、主食は必要ありません。

② 作りおきおかずを作る
(→ P17)

メインは肉や魚のおかず。
野菜などのサブおかずを多めに

肉や魚のおかず1種類と、野菜や豆などのおかず1〜2種類を、4食分ずつ作ります。本書のレシピは、とても簡単に作れるものばかり。調理は、それぞれの下ごしらえを済ませてから、フライパンとオーブンで2つのおかずを同時に焼くなど、まとめて作業するとスムーズで、時短につながります。

4食分を
まとめて冷凍

③ 保存容器に詰める
(→P18.19)

④ 冷凍する
(→P19)

同じ保存容器4つに
ごはんとおかずを詰めていく

主食もおかずも揃ったら、ミールプレップ用の保存容器4つに、それぞれ主食、主菜、副菜を詰め合わせましょう。最初に主食を詰めると、おかずを立てかけたりのせたりできて、全体的に詰めやすくなります。おかずは、メインの形の大きいものを先に、最後に副菜を詰めると、うまく収まります。

必ず中身の粗熱を取って。
容器は重ねてすっきりと

中身を詰め終えた容器に蓋をして、そのまま冷凍します。その際、ごはんやおかずの粗熱を取ることを忘れずに。温かいまま蓋をして冷凍すると、蓋についた水蒸気によって霜がつく、冷凍やけが起こるなど、劣化の原因になります。また、容器は冷凍室内にすっきり重ねて入れるのがポイントです。

大切なのは
質と分量！

⌒ 3

BASIC OF MEAL PREP

主食のこと

栄養バランスを考えるには、主食選びも重要です。
どんなものをどのくらい食べるのがベストなのか、知っておきましょう。

白米よりも
玄米や雑穀米を選ぶ

ダイエットや筋トレが目的なら特に、主食にこだわって。白米と比べてGI値（血糖上昇指数）が低い玄米や雑穀米は、食後の血糖値の上昇を防ぐため、白米よりも太りにくいといえます。食物繊維やビタミン、ミネラルも豊富です。4食分を炊くなら2合でOK。雑穀米は白米2合に対して30g加えて。ごはん以外なら、全粒粉ペンネなどを。

雑穀ごはん

あわ、ひえ、大麦などがブレンドされた、ミネラルが豊富なごはん。

玄米ごはん

ビタミンB群と食物繊維が豊富。かみ応えがあり、腹持ちもいい。

全粒粉ペンネ

小麦の胚芽や表皮などをそのまま使用しているから、栄養満点。

ごはんは
150
g

パスタは乾麺で
80
g

ごはんは1食150gに
するのがベスト

1食450〜500kcalのミールプレップにおいて、PFCのエネルギー比率（PFCバランス）が約50％の炭水化物を摂取するには、ごはんだと150gくらい、全粒粉パスタだと80gくらいが目安となります。ダイエットや筋トレをしている人も、炭水化物は極度に制限しないで適量を摂取するようにしましょう。

4

BASIC OF MEAL PREP

おかずの組み合わせ方

肉や魚、野菜などはどんなものをどう組み合わせるのか、
見ていきましょう。おかずは、高タンパク質・低脂質がポイントです。

主菜は1種類、副菜は1〜2種類の組み合わせ

1食分のミールプレップに対して、主菜には肉か魚のおかずを1種類用意します。肉は、なるべく高タンパク質・低脂質の部位を選びましょう。魚は、使い勝手のいい切り身がおすすめです。えび、いかなどを使うのもいいですね。副菜は、冷凍に向いている野菜や豆などの炒め物やあえ物、サラダを1〜2種類。主菜とバランスよく組み合わせて。

主菜
肉・魚
のおかず

 OR

副菜
野菜・豆・卵
のおかず

MEMO

ワンディッシュは組み合わせを考えなくていいからラク

リゾットや丼、パスタなどのワンディッシュは、おかずの組み合わせを考える必要がないので重宝します。本書で紹介しているレシピは、エネルギー量もPFCバランスも考えられているので、栄養面の心配もなし。レシピ通りに作りましょう。時間のないときにも食べやすいので、準備しておくと便利です。

高タンパク低脂質！

しっかり
チェック!

保存容器を選ぶコツ

ミールプレップに使う保存容器は、しっかり選ぶ必要があります。
その際に押さえておきたいポイントをチェックしましょう。

耐冷性&耐熱性の あるものを選ぶ

ミールプレップは、冷凍する→電子レンジで加熱するという工程が重要なので、耐冷性も耐熱性もある保存容器を選ぶのが基本です。容量は500mℓくらいがベスト。なるべく底面が広い容器にすれば、おかずが重ならず、平らに並べることもでき、素早く冷凍できます。加えて、密閉性の高いものなら、長期間の冷凍保存も安心です。ミールプレップ専用の容器も売られているので、それを活用するのもいいでしょう。

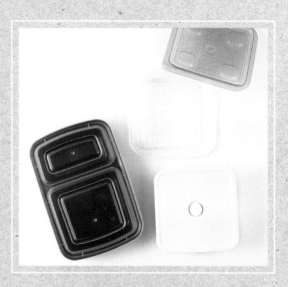

Q 100円ショップで売っている 保存容器は使えますか?

A 100円ショップにも耐冷性&耐熱性のある容器は売られていますが、蓋が弱いものが多く、冷凍中に割れたり、電子レンジ加熱で変形したりするものもあります。ミールプレップ専用でない保存容器を使うなら、耐冷温度、耐熱温度をしっかり確認しましょう。

Q ミールプレップ専用容器は どこで手に入りますか?

A インターネットで販売されているものが多数あるので、調べて購入してみましょう。また、ミールプレップ専用ではないですが、冷凍用保存容器で正方形のものはおすすめです。容量はなるべく大きいものを選ぶといいでしょう。蓋は密閉性の高いものを。

BASIC OF MEAL PREP

詰め方 & 保存のコツ

冷凍したミールプレップをおいしく食べるために、必要な詰め方と
保存のコツを紹介します。ちょっとした工夫で、さらにおいしく！

おかずは必ず
粗熱を取ってから詰める

でき上がりが温かいおかずは、おいしく冷凍する
ために、容器に詰める前に粗熱を取る必要があり
ます。フライパンで作ったものは、お皿やバット
に移してもいいでしょう。オーブンで焼いたもの
も、天板を取り出して冷まして。キッシュなどの
場合、きれいに切り分けるためにも粗熱を取る必
要があります。

おいしく
食べるために！

ごはんは
平らに詰める

ごはんも冷まして詰めて。
なるべく平らに薄くする
と、均一に温まりやすい。

水分の出やすい
葉野菜の下に
おからパウダーをふる

汁けの多いおかずは
カップに入れる

汁けが移らないように
一工夫するのがポイント

汁けの多いおかずをそのまま詰めて冷凍すると、
電子レンジで加熱した際、その水分がごはんやほ
かのおかずにしみて水っぽくなってしまいます。
シリコン製のカップに入れてから詰めることで、
水分が流れ出ないようにする、ごはんにのせる場
合は、先におからパウダーをふって水分を吸わせ
るようにする、といった一工夫が必要です。

おいしく食べるために！

上手な解凍法と温め方

蓋をしたまま
電子レンジ加熱が基本

冷凍保存しておいたミールプレップを食べたいとき、どのように解凍すればいいのか迷ってしまいますね。基本的には、冷凍室から取り出した容器をそのまま電子レンジに入れて加熱します。本書のレシピページに、600Wの電子レンジを使う場合の加熱時間を記しているので参考にしてください。ただし、機種によっては加熱ムラができてしまう場合もあるので、様子を見ながら時間を調節することが大切です。

| MEMO |

すぐに食べるなら冷蔵保存→「あたため」機能

ミールプレップは冷凍保存が基本ですが、冷蔵保存も可能です。とはいえ保存期間が短くなるので、家族で食べる、毎食同じでもいい、という場合だけにして。蓋をしたまま、電子レンジの「あたため」機能で温め直せばOKです。

PART **2**

約500kcal＆栄養バランス満点！

肉がメインの
ミールプレップ

MEAT MEAL PREP

良質なタンパク質を摂取するために、肉は欠かせません。
牛肉は赤身を選び、豚肉や鶏肉は余分な脂肪や皮を取り除くと、
エネルギーや脂質量を減らすことができます。

チキングリル弁当

鶏もも肉1/2枚分のボリューミーなグリルで満足感のあるお弁当。
サラダはカレー粉が香るさわやかな味わいです。

╲ CHECK ╱
[温め時間]
電子レンジ600W
6分30秒

RECIPE.01

シンプルな味つけのソースがポイント

チキングリル ハーブトマトソース

エネルギー: **159**kcal　タンパク質: **20.0**g　脂質: **6.1**g　炭水化物: **5.4**g　塩分: **1.0**g（1食分）

材料（4食分）

鶏もも肉（皮を取り除く）
　… 2枚（400g）
塩 … 小さじ½
こしょう … 少々
トマト … 1個
玉ねぎ … ½個
さやいんげん … 100g
A ドライハーブミックス[a]
　　… 小さじ1
　塩・こしょう … 各少々
オリーブ油 … 小さじ1

作り方

1 トマトは1.5cm角に切る。玉ねぎは横半分に切り、薄切りにする。いんげんはヘタを切り落とす。

2 鶏肉は1枚を4等分に切り、塩、こしょうをふる。

3 フライパンにオリーブ油を中火で熱し、2を両面3〜4分ずつ焼く。あいている所でいんげんも焼き、それぞれ取り出す。

4 フライパンに残った油で玉ねぎを中火で炒め、しんなりしてきたらトマトを加えてさらに炒め合わせる。Aで味をととのえ、3にかける。

[POINT] 鶏肉は皮を取り除くことで、エネルギーが約半分になります。

a ドライハーブミックス
冷凍のにおいを緩和。
塩分控えめでも満足！

b ひよこ豆
大豆と同様、イソフラボンが豊富に含まれる。

c カッテージチーズ
チーズのなかで、低脂質・高タンパク質。

RECIPE.02

低脂質・高タンパク質な食材の組み合わせ

ひよこ豆とカッテージチーズのサラダ

エネルギー: **89**kcal　タンパク質: **5.7**g　脂質: **1.6**g　炭水化物: **12.9**g　塩分: **0.9**g（1食分）

材料（4食分）

ひよこ豆[b]（水煮）… 150g
カッテージチーズ[c] … 50g
紫玉ねぎ … ½個
パセリ … 20g
A 白ワインビネガー
　　… 大さじ½
　カレー粉 … 小さじ½
　塩 … 小さじ½
　こしょう … 少々

作り方

1 紫玉ねぎは横半分に切り、薄切りにする。パセリは粗めのみじん切りにする。

2 Aを混ぜ合わせ、汁けをきったひよこ豆、カッテージチーズ、1をあえる。

[POINT] ひよこ豆は、乾燥豆40〜50gを一晩水に浸して30分ほどゆでたものでもOKです。大豆で代用しても構いません。

玄米ごはん 150g（1食分）

エネルギー: **248**kcal　タンパク質: **4.2**g　脂質: **1.5**g　炭水化物: **53.4**g　塩分: **0.0**g

---

⊢ TOTAL ⊣

エネルギー: **496** kcal

タンパク質: **29.9** g

脂質: **9.2** g

炭水化物: **71.7** g

塩分: **1.9** g

P（タンパク質）
120
100
80
60
40
20

C（炭水化物）　　　F（脂質）

鶏の梅照り焼き風弁当

ひとつひとつのおかずに存在感があり、見た目にも◎。
和風のお弁当は、高齢者にもおすすめです。

\ CHECK /

[温め時間]
電子レンジ600W
6分**30**秒

RECIPE.01

甘辛さと梅の酸味のきいた味がごはんにぴったり

鶏の梅照り焼き風

エネルギー：**157**kcal　タンパク質：**20.7**g　脂質：**6.2**g　炭水化物：**4.7**g　塩分：**1.3**g（1食分）

材料（4食分）

鶏もも肉（皮を取り除く）
　… 2枚（400g）
塩 … 小さじ¼
しいたけ … 8枚
しし唐辛子 … 12本
A しょうゆ … 小さじ2
　みりん … 小さじ2
　梅肉 … 小さじ1
ごま油 … 小さじ1

作り方

1 しいたけは軸を切り落とす。しし唐辛子は爪楊枝で数カ所刺す。

2 鶏肉は1枚を4等分に切り、塩をふる。

3 フライパンにごま油を中火で熱し、1を焼いて取り出す。続けて2を両面3〜4分ずつ焼く。

4 フライパンの余分な脂をペーパータオルで拭き取り、Aを混ぜ合わせて加え、煮絡める。

[POINT] 鶏肉は皮を取り除くことで、エネルギーが約半分になります。

a　桜えび
疲労の回復を助けるアスタキサンチンも含有。

b　青のり
風味がいいので、冷凍した卵焼きもおいしく。

RECIPE.02

旨みがたっぷり！カルシウムを補給できる

桜えびと青のりの卵焼き

エネルギー：**63**kcal　タンパク質：**5.5**g　脂質：**4.2**g　炭水化物：**0.2**g　塩分：**0.7**g（1食分）

材料（4食分）

A 卵 … 3個
　桜えび[a]（乾燥）… 5g
　青のり[b] … 小さじ½
　だし汁 … 大さじ3
　塩 … ふたつまみ
ごま油 … 少々

作り方

1 卵を割りほぐし、残りのAを加えてよく混ぜ合わせる。

2 卵焼き器にごま油を薄くひいて中火で熱し、1を適量流し入れる。焼けてきたら端から丸めて寄せて油を薄くひき、1を適量流し入れる。これを繰り返して卵焼きにする。

3 巻きすで形を整え、粗熱が取れたら8等分に切る。

雑穀ごはん 150g（1食分）

エネルギー：**237**kcal　タンパク質：**4.0**g　脂質：**0.9**g　炭水化物：**51.4**g　塩分：**0.0**g

---

┝ TOTAL ┥

エネルギー：**457** kcal

タンパク質：**30.2** g

脂質：**11.3** g

炭水化物：**56.3** g

塩分：**2.0** g

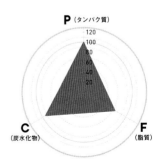

P（タンパク質）
120
100
80
60
40
20
C（炭水化物）　　F（脂質）

鶏の塩麹レモン焼き弁当

鶏むね肉とさば缶で、タンパク質たっぷり！
調味料はほとんど使わずに、
食材の旨みや香味をいかして仕上げたお弁当です。

\ CHECK /

[温め時間]
電子レンジ600W
6分30秒

RECIPE.01

塩麹をもみ込むから、ふっくら焼き上がる

鶏の塩麹レモン焼き

エネルギー：**138**kcal　タンパク質：**23.7**g　脂質：**2.0**g　炭水化物：**5.1**g　塩分：**0.9**g（1食分）

材 料（4食分）

鶏むね肉（皮なし）
　… 400g
塩麹[a] … 大さじ2
レモン … ½個
しょうが … 1片

作り方

1 レモンは皮をむいて輪切りにする。しょうがはすりおろす。

2 鶏肉は2cm厚さのそぎ切りにし、塩麹をもみ込む。

3 2に1をもみ込み、30分ほどおく。

4 3をアルミホイルで包み、強火の魚焼きグリル（両面焼き）で10分ほど蒸し焼きにする。

RECIPE.02

カラフルな野菜と組み合わせ、味はシンプルに

さば缶サラダ

エネルギー：**69**kcal　タンパク質：**4.9**g　脂質：**3.3**g　炭水化物：**6.3**g　塩分：**0.3**g（1食分）

材 料（4食分）

さば水煮缶[b]
　… 固形量100g
グリーンアスパラガス… 4本
ミニトマト … 8個
黄パプリカ … 1個
塩・こしょう … 各少々

作り方

1 アスパラは筋を取り除いて1.5cm幅に切る。ミニトマトは半分に切る。パプリカは1.5cm角に切る。

2 汁けをしっかりきったさば、1を合わせ、さばをほぐしながら塩、こしょうであえる。

[POINT] 食べる際に温めることで、野菜が加熱されます。冷凍する前に食べるなら、生食しても大丈夫です。

RECIPE.03

冷凍するので、水けはしっかり絞ること！

塩もみズッキーニ

エネルギー：**4**kcal　タンパク質：**0.3**g　脂質：**0.0**g　炭水化物：**0.7**g　塩分：**0.4**g（1食分）

材 料（4食分）

ズッキーニ … 100g
塩 … 小さじ½

作り方

ズッキーニは薄切りにし、塩をふって軽くもみ、10分ほどおいて水けを絞る。

玄米ごはん 150g（1食分）

エネルギー：**248**kcal　タンパク質：**4.2**g　脂質：**1.5**g　炭水化物：**53.4**g　塩分：**0.0**g

a　塩麹
植物性乳酸菌が豊富で腸内環境を整える。

b　さば水煮缶
EPAやDHAなど良質な脂質を手軽に摂取。

⊢ TOTAL ⊣

エネルギー：**459**kcal

タンパク質：**33.1**g

脂質：**6.8**g

炭水化物：**65.5**g

塩分：**1.6**g

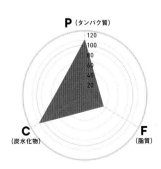

筋トレ　親へ　ダイエット

野菜のささみ
巻き弁当

低脂質・高タンパク質のささみを
薄くのばして肉巻きに仕上げます。
副菜はストック食材を使って完成。
材料の数も少なめだから
作りやすい！

| CHECK |

[温め時間]
電子レンジ600W
6分30秒

RECIPE.01

粒マスタードをきかせて風味よく

野菜のささみ巻き

エネルギー：**127**kcal　タンパク質：**24.1**g　脂質：**1.5**g　炭水化物：**3.3**g　塩分：**1.3**g（1食分）

材料（4食分）

鶏ささみ … 8本（400g）
塩 … 小さじ⅔
こしょう … 少々
粒マスタード … 大さじ1
グリーンアスパラガス
　… 4本
にんじん … 80g

作り方

1 アスパラは筋を取り除いて半分の長さに切る。にんじんは細切りにする。

2 ささみは筋を取り除き、オーブンシートをかぶせてすりこ木などでたたいて薄くのばす。

3 2に塩、こしょうをふり、粒マスタードを塗る。1をのせてくるくると巻き、1本ずつアルミホイルで包む。

4 フライパンに3を並べ、蓋をして中火にかける。ときどき転がし、全体を10分ほどかけて焼く。

5 粗熱が取れたらアルミホイルをはずし、食べやすく切る。

a　刻み昆布
手間なく調理でき、ミネラル補給におすすめ。

b　高野豆腐
大豆サポニンやイソフラボンがたっぷり。

c　鮭水煮缶
アスタキサンチンが脂肪燃焼などに効果的。

RECIPE.02

食材の旨みをたっぷりしみ込ませて

刻み昆布と高野豆腐の煮物

エネルギー：**106**kcal　タンパク質：**10.4**g　脂質：**5.1**g　炭水化物：**5.2**g　塩分：**1.2**g（1食分）

材料（4食分）

刻み昆布ª（乾燥）… 10g
高野豆腐ᵇ … 2個
鮭水煮缶ᶜ … 小1缶（90g）
しめじ … 100g
A しょうゆ … 大さじ1
　みりん … 大さじ1

作り方

1 刻み昆布はさっと洗い、水に浸して戻す。戻し汁は200㎖とっておく。

2 高野豆腐は水に浸して戻し、よく絞り洗いをして、水けを絞り、1個を8等分に切る。

3 しめじはほぐす。

4 鍋に1の昆布と戻し汁、2、3、汁ごとの鮭、Aを入れて落とし蓋をし、中火で10分ほど、煮汁が少なくなるまで煮る。

雑穀ごはん 150g （1食分）

エネルギー：**237**kcal　タンパク質：**4.0**g　脂質：**0.9**g　炭水化物：**51.4**g　塩分：**0.0**g

⊢ TOTAL ⊣

エネルギー：**470** kcal

タンパク質：**38.5** g

脂質：**7.5** g

炭水化物：**59.9** g

塩分：**2.5** g

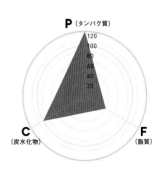

P（タンパク質）
C（炭水化物）　F（脂質）

鶏つくね弁当

整腸作用のあるきのこや海藻がたくさんとれるお弁当です。
作りおきだからこそ、体にいい食材を豊富に使いましょう。

\ CHECK /
[温め時間]
電子レンジ600W
6分30秒

RECIPE.01

具だくさんだから満足感がアップ

鶏つくね

エネルギー：**127**kcal　タンパク質：**18.8**g　脂質：**2.5**g　炭水化物：**7.3**g　塩分：**1.5**g（1食分）

材料（4食分）

A 鶏ひき肉（むね肉）… 300g
　えのきだけ … 100g
　長ねぎ … ¼本
　わかめ（乾燥）… 5g
　塩 … ふたつまみ
　片栗粉 … 大さじ1
B しょうゆ … 大さじ1
　みりん … 大さじ1
ごま油 … 小さじ1

作り方

1 えのきは5mm幅に切る。長ねぎはみじん切りにする。

2 Aを練り合わせ、8等分して丸める。

3 フライパンにごま油を中火で熱し、2の両面を焼きつけ、蓋をして5分ほど蒸し焼きにする。

4 フライパンの余分な脂をペーパータオルで拭き取り、合わせたBを加えて煮絡める。

[POINT] わかめは乾燥したまま加えればOKです。

a 冷凍枝豆
自分でゆでて冷凍しておくのもおすすめ。

RECIPE.02

まいたけとかつお節の旨みがたっぷり！

塩炒り豆腐

エネルギー：**67**kcal　タンパク質：**6.7**g　脂質：**2.8**g　炭水化物：**4.3**g　塩分：**0.6**g（1食分）

材料（4食分）

絹ごし豆腐 … 200g
まいたけ … 70g
にんじん … 40g
冷凍枝豆[a]（解凍）… 正味60g
かつお節 … 10g
塩 … 小さじ⅓

作り方

1 豆腐は重しをして10分ほどおき、水けをしっかりきる。

2 まいたけはほぐす。にんじんは細切りにする。

3 フライパンを中火で熱し、1、2、枝豆、かつお節を入れ、木べらで混ぜ合わせながら5分ほど炒り、塩で味をととのえる。

RECIPE.03

砂糖を使わずヘルシーに仕上げる

ほうれん草のごま酢あえ

エネルギー：**20**kcal　タンパク質：**1.5**g　脂質：**1.0**g　炭水化物：**2.0**g　塩分：**0.3**g（1食分）

材料（4食分）

ほうれん草 … 200g
A 白すりごま … 小さじ2
　酢 … 小さじ1
　しょうゆ … 小さじ1

作り方

1 ほうれん草は1分ほど塩ゆで（湯1ℓに塩大さじ1）し、冷水にとって冷まし、水けを絞って3cm幅に切る。

2 Aを混ぜ合わせ、1をあえる。

玄米ごはん 150g （1食分）

エネルギー：**248**kcal　タンパク質：**4.2**g　脂質：**1.5**g　炭水化物：**53.4**g　塩分：**0.0**g

─┤ TOTAL ├─

エネルギー：**462**kcal

タンパク質：**31.2**g

脂質：**7.8**g

炭水化物：**67.0**g

塩分：**2.4**g

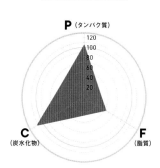

P（タンパク質）

C（炭水化物）　　　　F（脂質）

MEAL PREP

PART 2

MEAT

豚のみそ漬け
弁当

食べる際に温めることで
キャベツから水分が出やすいので、
ポテサラ風は仕切りをして
詰めましょう。
ごはんはおにぎりにして別容器へ。

| CHECK |
[温め時間]
電子レンジ600W
6分

RECIPE.01

みそとヨーグルトそれぞれの乳酸菌を摂取！

豚のみそ漬け 塩ゆでキャベツ添え

エネルギー：**178**kcal　タンパク質：**24.5**g　脂質：**4.5**g　炭水化物：**8.3**g　塩分：**1.3**g （1食分）

材料 (4食分)

豚ヒレブロック肉 … 400g
A みそ … 大さじ2
　プレーンヨーグルト[a]
　　… 大さじ1
　みりん … 大さじ1
キャベツ … 300g

作り方

1 豚肉は1.5cm厚さに切って包丁の刃先で数カ所刺し、Aを混ぜ合わせてもみ込み、30分ほどおく。

2 アルミホイルで1を包み、強火の魚焼きグリル（両面焼き）で10分ほど蒸し焼きにする。

3 キャベツは3cm四方に切り、2分ほど塩ゆで（湯1ℓに塩大さじ1）し、ザルに上げて粗熱を取り、水けを絞る。

[POINT] キャベツ、みそ漬けの順で容器に詰めれば、みそダレがキャベツについておいしいです。

RECIPE.02

おからが水分を吸ってほどよいしっとり食感に

鮭缶のポテサラ風

エネルギー：**71**kcal　タンパク質：**4.1**g　脂質：**4.1**g　炭水化物：**4.3**g　塩分：**0.6**g （1食分）

材料 (4食分)

生おから[b] … 100g
鮭水煮缶[c] … 小½缶(45g)
きゅうり … ¼本
紫玉ねぎ … ⅛個
塩 … 小さじ¼
A マヨネーズ … 大さじ1
　塩 … 適量
　こしょう … 少々

作り方

1 きゅうりは小口切りに、紫玉ねぎは薄切りにし、塩をふって軽くもみ、水けを絞る。

2 おから、汁ごとの鮭、1を合わせ、Aであえる。

雑穀ごはん 150g (1食分)

エネルギー：**237**kcal　タンパク質：**4.0**g　脂質：**0.9**g　炭水化物：**51.4**g　塩分：**0.0**g

a プレーンヨーグルト
健康な腸を維持するため、毎日取り入れたい。

b 生おから
タンパク質、食物繊維、カルシウムが豊富。

c 鮭水煮缶
汁ごと食べて、栄養を無駄なく摂取。

ーTOTALー

エネルギー：**486** kcal

タンパク質：**32.6** g

脂質：**9.5** g

炭水化物：**64.0** g

塩分：**1.9** g

P (タンパク質)
120 100 80 60 40 20

C (炭水化物)　　F (脂質)

豆苗の豚肉巻き弁当

お弁当に欠かせない肉巻きや卵焼きは、冷凍してもおいしいです。
マリネを添えて、カラフルに仕上げましょう。

\ CHECK /
[温め時間]
電子レンジ600W
6分30秒

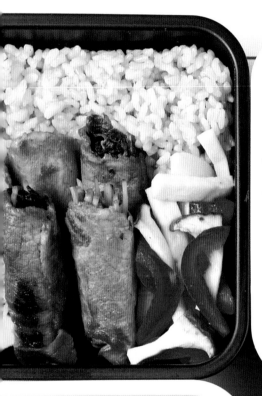

RECIPE.01

シャキシャキの豆苗を巻いて甘辛く味つけ

豆苗の豚肉巻き

エネルギー：**229**kcal　タンパク質：**23.4**g　脂質：**12.2**g　炭水化物：**4.3**g　塩分：**1.5**g（1食分）

材 料（4食分）

豚ロース薄切り肉
（脂肪を取り除く）
　… 16〜20枚（400g）
塩 … 小さじ½
こしょう … 少々
豆苗 … 2パック
A しょうゆ … 大さじ1
│ みりん … 大さじ1
ごま油 … 少々

作り方

1 豆苗は半分の長さに切る。

2 豚肉は塩、こしょうをふる。

3 2に1をのせてくるくると巻く。

4 フライパンにごま油を中火で熱し、3を巻き終わりを下にして並べる。焼き色がついたら、少しずつ転がして全体を焼き、合わせたAを加えて煮絡める。

[POINT] 豚肉は脂肪を取り除くことで、エネルギーが約半分になります。

RECIPE.02

旨みアップとカルシウム補給にじゃこが活躍

じゃことねぎの卵焼き

エネルギー：**68**kcal　タンパク質：**6.2**g　脂質：**4.3**g　炭水化物：**0.3**g　塩分：**0.7**g（1食分）

材 料（4食分）

A 卵 … 3個
│ ちりめんじゃこ … 15g
│ 万能ねぎ（小口切り）… 10g
│ だし汁 … 大さじ3
│ 塩 … ひとつまみ
ごま油 … 少々

作り方

1 卵を割りほぐし、残りのAを加えてよく混ぜ合わせる。

2 卵焼き器にごま油を薄くひいて中火で熱し、1を適量流し入れる。焼けてきたら端から丸めて寄せて油を薄くひき、1を適量流し入れる。これを繰り返して卵焼きにする。

3 巻きすで形を整え、粗熱が取れたら8等分に切る。

RECIPE.03

コリコリ、シャキシャキの歯応え

きのことパプリカのマリネ

エネルギー：**20**kcal　タンパク質：**1.2**g　脂質：**0.2**g　炭水化物：**5.0**g　塩分：**0.1**g（1食分）

材 料（4食分）

エリンギ … 100g
赤パプリカ … 1個
A 酢 … 小さじ2
│ 塩 … 小さじ½
│ こしょう … 少々

作り方

1 エリンギ、パプリカは3cm長さの細切りにする。

2 耐熱ボウルに1を入れてAをふり、ラップをかけ、電子レンジで2分加熱し、さっくり混ぜる。

玄米ごはん 150g（1食分）

エネルギー：**248**kcal　タンパク質：**4.2**g　脂質：**1.5**g　炭水化物：**53.4**g　塩分：**0.0**g

├──┤ TOTAL ├──┤

エネルギー：**565**kcal

タンパク質：**35.0**g

脂質：**18.2**g

炭水化物：**63.0**g

塩分：**2.3**g

P（タンパク質）
120
100
80
60
40
20

C（炭水化物）　　　F（脂質）

筋トレ 留守番 アスリート

ポークジンジャー弁当

ジューシーな豚肉が絶品で、緑黄色野菜もモリモリ食べられる！
彩りよく、ボリューム満点のスタミナ弁当です。

\ CHECK /
[温め時間]
電子レンジ600W
6分

RECIPE.01

玉ねぎやりんごの酵素で肉をやわらかく

ポークジンジャー 塩ゆでブロッコリー添え

エネルギー：**252**kcal タンパク質：**24.0**g 脂質：**12.5**g 炭水化物：**8.9**g 塩分：**1.2**g（1食分）

a 大豆
豆類のなかで、タンパク質量がダントツ。

材料（4食分）

豚ロース肉（しょうが焼き用／脂肪を取り除く）
　…400g
塩・こしょう … 各少々
A 玉ねぎ（すりおろし）
　　… 大さじ2
　りんご（すりおろし）
　　… 大さじ2
　しょうが（すりおろし）
　　… 大さじ2
B しょうゆ … 大さじ1½
　みりん … 大さじ1½
オリーブ油 … 少々
ブロッコリー … 200g

作り方

1 豚肉は筋を切り、塩、こしょうをふり、Aを混ぜ合わせてもみ込み、30分ほどおく。

2 フライパンにオリーブ油を中火で熱し、1を汁ごと入れて両面を焼き、合わせたBを加えて煮絡める。

3 ブロッコリーは小房に分ける。1分30秒〜2分塩ゆで（湯1ℓに塩大さじ1）し、水けをきる。

[POINT] りんごの代わりに、はちみつ少々を加えてもいいでしょう。容器に詰める際、タレを肉にかけると、しっとり食感を保てます。

RECIPE.02

しんなりさせたにんじんと水煮の大豆がよく合う

大豆とにんじんのサラダ

エネルギー：**55**kcal タンパク質：**3.6**g 脂質：**1.8**g 炭水化物：**6.7**g 塩分：**0.9**g（1食分）

材料（4食分）

にんじん … 200g
塩 … 小さじ½
大豆a（水煮）… 100g
A 酢 … 小さじ2
　こしょう … 少々

作り方

1 にんじんは細切りにし、塩をふって軽くもみ、水けを絞る。

2 大豆は汁けをきってポリ袋に入れ、すりこ木などで粗めにつぶす。

3 1、2を合わせ、Aであえる。

雑穀ごはん 150g（1食分）

エネルギー：**237**kcal タンパク質：**4.0**g 脂質：**0.9**g 炭水化物：**51.4**g 塩分：**0.0**g

TOTAL

エネルギー：**544** kcal

タンパク質：**31.6** g

脂質：**15.2** g

炭水化物：**67.0** g

塩分：**2.1** g

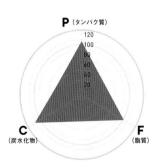

P（タンパク質）
120
100
80
60
40
20

C（炭水化物）　　F（脂質）

親へ　ダイエット　アスリート

豚豆腐団子
弁当

ごろっと大きめの肉団子がメイン。
ふんわりしているので、
高齢者も食べやすいでしょう。
歯応えのある酒蒸しを添えて、
食感にアクセントを。

\ CHECK /

[温め時間]
電子レンジ600W

6分30秒

RECIPE.01

麩を混ぜ込むから、電子レンジで温めてもふんわり

豚豆腐団子 塩ゆでいんげん添え

エネルギー：**149**kcal　タンパク質：**16.4**g　脂質：**4.1**g　炭水化物：**10.5**g　塩分：**1.6**g（1食分）

材料（4食分）

A 豚ひき肉（赤身）… 200g
　木綿豆腐 … 200g
　小町麩ª … 10g
　長ねぎ … ¼本
　しょうが … 1片
　片栗粉 … 大さじ1
　塩・こしょう … 各少々
B トマトジュースᵇ（無塩）
　… 190㎖
　しょうゆ … 大さじ1
　みりん … 大さじ1
　酢 … 小さじ1
　塩 … 小さじ½
　こしょう … 少々
さやいんげん … 100g

作り方

1 豆腐は重しをして10分ほどおき、水けをきる。

2 麩は細かく砕く。長ねぎ、しょうがはみじん切りにする。

3 Aを練り合わせ、ひと口大に丸める。

4 フライパンでBを中火で煮立て、3を加える。ときどき揺すり、煮汁にとろみがつくまで5〜8分煮る。

5 いんげんはヘタを切り落とし、半分の長さに切る。1分30秒ほど塩ゆで（湯1ℓに塩大さじ1）し、水けをきる。

[POINT] 小町麩がないときは、片栗粉をさらに小さじ2加えましょう。

a **小町麩**
パン粉や片栗粉の代用。ふわふわの食感に。

b **トマトジュース**
リコピンやβ-カロテンを効率的に摂取！

c **きくらげ**
戻すと約7倍のかさに。食物繊維が豊富。

RECIPE.02

歯応えがいいので、よくかんで過食を防止して

きくらげとチンゲン菜、むきえびの酒蒸し

エネルギー：**30**kcal　タンパク質：**4.1**g　脂質：**0.2**g　炭水化物：**2.1**g　塩分：**0.9**g（1食分）

材料（4食分）

きくらげᶜ（乾燥）… 5g
むきえび … 80g
酒 … 大さじ2
塩 … 小さじ½
チンゲン菜 … 150g

作り方

1 きくらげは水に浸して戻し、水けを絞る。

2 えびは背ワタを取り除き、酒、塩をふる。

3 チンゲン菜は2㎝幅に切る。

4 フライパンに1、汁ごとの2、3を入れ、蓋をして中火で3分ほど蒸す。

玄米ごはん 150g （1食分）

エネルギー：**248**kcal　タンパク質：**4.2**g　脂質：**1.5**g　炭水化物：**53.4**g　塩分：**0.0**g

---

⊢ TOTAL ⊣

エネルギー：**427** kcal

タンパク質：**24.7** g

脂質：**5.8** g

炭水化物：**66.0** g

塩分：**2.5** g

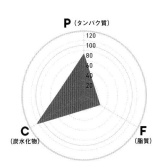

P（タンパク質）
C（炭水化物）
F（脂質）

筋トレ 　留守番

チンジャオ
ロース一風
弁当

こってり重たい中華料理も
こんなにヘルシーに！
パッと目をひく
色のきれいなおかずの
詰め合わせです。

CHECK

[温め時間]
電子レンジ600W
6分30秒

RECIPE.01

パプリカとエリンギを加えてアレンジ！

チンジャオロース一風

エネルギー：**185**kcal　タンパク質：**22.6**g　脂質：**6.1**g　炭水化物：**9.5**g　塩分：**2.2**g（1食分）

材料（4食分）

牛赤身ブロック肉 … 400g
塩 … 小さじ½
こしょう … 少々
A オイスターソース
　　… 大さじ1 ½
　しょうゆ … 大さじ1
　みりん … 大さじ1
　酢 … 小さじ1
　ごま油 … 小さじ1
ピーマン … 3個
赤パプリカ … 1個
エリンギ … 100g

作り方

1 ピーマン、パプリカ、エリンギは細切りにする。

2 牛肉は細切りにし、塩、こしょうをふり、Aをもみ込み、1と合わせてさっくり混ぜる。

3 フライパンに2を入れ、蓋をして中火で3分ほど蒸し焼きにする。蓋を取って強火にし、全体を混ぜて汁けを飛ばしながら2分ほど炒める。

RECIPE.02

ザーサイの旨みがポイント。ズッキーニの食感もいい

ズッキーニとザーサイの卵焼き

エネルギー：**62**kcal　タンパク質：**4.9**g　脂質：**4.1**g　炭水化物：**0.7**g　塩分：**0.9**g（1食分）

材料（4食分）

A 卵 … 3個
　ズッキーニ … 50g
　味つきザーサイ … 20g
　だし汁 … 大さじ2
　塩・こしょう … 各少々
ごま油 … 少々

作り方

1 ズッキーニは5mm角に切る。ザーサイは粗めのみじん切りにする。

2 卵を割りほぐし、残りのAを加えてよく混ぜ合わせる。

3 卵焼き器にごま油を薄くひいて中火で熱し、2を適量流し入れる。焼けてきたら端から丸めて寄せて油を薄くひき、2を適量流し入れる。これを繰り返して卵焼きにする。

4 粗熱が取れたら8等分に切る。

雑穀ごはん 150g（1食分）

エネルギー：**237**kcal　タンパク質：**4.0**g　脂質：**0.9**g　炭水化物：**51.4**g　塩分：**0.0**g

⊢ TOTAL ⊣

エネルギー：**484** kcal

タンパク質：**31.5** g

脂質：**11.1** g

炭水化物：**61.6** g

塩分：**3.1** g

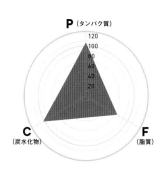

P（タンパク質）
120
100
80
60
40
20
C（炭水化物）　　F（脂質）

筋トレ　留守番　アスリート

ビビンパ風
弁当

カラフルな野菜のナムルと
牛肉、塩もみしたかぶを
ごはんの上に敷き詰めて。
全体を混ぜながら食べると
おいしいですよ。

\ CHECK /
[温め時間]
電子レンジ600W
6分30秒

RECIPE.01

食べるときにコチュジャンを加えてもOK!

ビビンパ風

エネルギー：**269**kcal　タンパク質：**28.1**g　脂質：**10.9**g　炭水化物：**13.7**g　塩分：**2.7**g（1食分）

a　おからパウダー
ほうれん草の下にふっ
て、余分な水分を吸収。

材料（4食分）

牛赤身ブロック肉 … 400g
塩 … 小さじ⅓
こしょう … 少々
A にんにく（すりおろし）…1片分
　 しょうが（すりおろし）…1片分
　 コチュジャン … 大さじ2
　 しょうゆ … 大さじ1
　 みりん … 大さじ1
　 ごま油 … 小さじ1
B 卵 … 3個
　 塩 … 小さじ⅓
ほうれん草 … 150g
にんじん … 100g
エリンギ … 100g
ごま油 … 少々
刻みのり … 適量
白すりごま … 小さじ1

作り方

1 牛肉は細切りにし、塩、こしょうをふってA
　をもみ込み、10分ほどおく。

2 フライパンにごま油を中火で熱し、Bを溶き
　混ぜて流し入れ、薄焼き卵にする。冷めたら
　細切りにする。

3 同じフライパンに1を広げて入れ、蓋をして
　中火で2分ほど蒸し焼きにする。蓋を取って
　強火にし、ほぐしながら全体を炒める。

4 ほうれん草は1分ほど塩ゆで（湯1ℓに塩大さ
　じ1）し、冷水にとって冷まし、水けを絞って
　3cm幅に切る。にんじんは細切りにし、同じ
　湯で1分ほどゆで、水けをきる。エリンギは
　細切りにし、ラップで包んで電子レンジで1
　分加熱する。

5 容器に詰めるときに、2、3、4の下にのりを
　敷き、仕上げにごまをふる。

[POINT] ごはんに具材をのせる際、ほうれん草の下におから
パウダーを小さじ1ずつふると、余分な水分が吸収されます。

RECIPE.02

しょうがと赤唐辛子も加えて風味よく

塩もみかぶ

エネルギー：**9**kcal　タンパク質：**0.3**g　脂質：**0.1**g　炭水化物：**2.1**g　塩分：**1.0**g（1食分）

材料（4食分）

かぶ … 2個
しょうが … 1片
赤唐辛子（小口切り）
　 … ひとつまみ
塩 … 小さじ⅔

作り方

1 かぶはくし形切りにし、葉は60gを3cm幅に
　切る。しょうがは細切りにする。

2 ポリ袋に1、赤唐辛子を入れ、塩をふってもみ、
　10分ほどおいて水けを絞る。

雑穀ごはん 150g ＋ おからパウダー^a 小さじ1（1食分）

エネルギー：**250**kcal　タンパク質：**4.7**g　脂質：**1.3**g　炭水化物：**52.9**g　塩分：**0.0**g

├──── TOTAL ────┤

エネルギー：**528** kcal

タンパク質：**33.1** g

脂質：**12.3** g

炭水化物：**68.7** g

塩分：**3.7** g

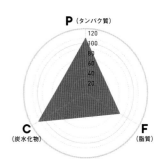

P （タンパク質）
120
100
80
60
40
20

C　　　　　　　F
（炭水化物）　　　（脂質）

BEEF MEAL PREP.03　　留守番　　アスリート

ハンバーグ弁当

ハンバーグがどーんと入ったお弁当も、実はとてもヘルシー！
海藻サラダを添えて、栄養バランス満点に仕上げましょう。

◁ CHECK ▷
[温め時間]
電子レンジ600W
7分

RECIPE.01

豆腐と麩を混ぜ込んでふわふわ&ヘルシーに

ハンバーグ 塩ゆでアスパラ添え

エネルギー：**196**kcal　タンパク質：**20.5**g　脂質：**7.2**g　炭水化物：**7.5**g　塩分：**1.9**g（1食分）

材料（4食分）

A 牛ひき肉（赤身）… 300g
　木綿豆腐 … 150g
　小町麩[a] … 5g
　玉ねぎ … ½個
　溶き卵 … ½個分
　塩 … 小さじ⅔
　こしょう … 少々
ミニトマト … 12個
B 赤ワイン … 100mℓ
　しょうゆ … 小さじ1
　粒マスタード … 小さじ1
　コンソメスープの素（顆粒）
　　… 小さじ1
オリーブ油 … 小さじ1
グリーンアスパラガス…4本

作り方

1 豆腐は重しをして10分ほどおき、水けをしっかりきる。

2 麩は細かく砕く。玉ねぎはみじん切りにする。ミニトマトは半分に切る。

3 Aを練り合わせ、4等分して丸める。

4 フライパンにオリーブ油を中火で熱し、3の両面を2分ほどずつ焼く。

5 ミニトマト、Bを加え、煮汁が少なくなるまで5分ほど煮詰める。

6 アスパラは筋を取り除いて3等分に切る。30秒ほど塩ゆで（湯1ℓに塩大さじ1）し、冷水にとって冷まし、水けをきる。

a 小町麩
植物性タンパク質が豊富。精進料理でも活躍。

b 冷凍枝豆
大豆と同じく、良質なタンパク質を含有。

c 芽ひじき
ひじきの葉部分で、長ひじきよりやわらかい。

RECIPE.02

ごま酢であえて、さっぱりとした味わいに

枝豆とひじきのサラダ

エネルギー：**64**kcal　タンパク質：**4.5**g　脂質：**3.6**g　炭水化物：**4.4**g　塩分：**0.1**g（1食分）

材料（4食分）

冷凍枝豆[b]（解凍）
　… 正味120g
芽ひじき[c]（乾燥）…5g
A 酢…大さじ½
　白すりごま…大さじ1
　塩・こしょう…各少々

作り方

1 芽ひじきは水に浸して戻し、よく洗って水けを絞る。

2 Aを混ぜ合わせ、枝豆、1をあえる。

玄米ごはん 150g（1食分）

エネルギー：**248**kcal　タンパク質：**4.2**g　脂質：**1.5**g　炭水化物：**53.4**g　塩分：**0.0**g

TOTAL

エネルギー：**508** kcal

タンパク質：**29.2** g

脂質：**12.3** g

炭水化物：**65.3** g

塩分：**2.0** g

P（タンパク質）
120
100
80
60
40
20

C（炭水化物）　　　　F（脂質）

| CHECK |

[温め時間]
電子レンジ600W
6分30秒

BEEF MEAL PREP.04

親へ　留守番　アスリート

三色そぼろ弁当

緑黄色野菜、卵、ひき肉の彩りが◎。
卵によって、やさしい味わいになります。
食べる際に全体を混ぜやすいよう、
野菜は小さめに切りましょう。

RECIPE.01

牛ひき肉を使って満足感アップ！

三色そぼろ

エネルギー：**211**kcal　タンパク質：**23.2**g　脂質：**10.1**g　炭水化物：**4.5**g　塩分：**1.9**g（1食分）

材料（4食分）

牛ひき肉（赤身）… 300g
A しょうゆ … 小さじ2
　みりん … 小さじ2
　しょうがの絞り汁
　　… 小さじ2
　みそ … 大さじ1
B 卵 … 4個
　塩 … 小さじ¼
小松菜 … 200g
しょうゆ … 小さじ1
ごま油 … 小さじ1

作り方

1 フライパンを中火で熱し、Bを溶き混ぜて流し入れ、菜箸でよく混ぜながら炒り卵にし、取り出す。

2 同じフライパンにごま油を中火で熱し、ひき肉を炒め、火が通ってきたらAを加えて煮絡める。

3 小松菜は1分ほど塩ゆで（湯1ℓに塩大さじ1）し、冷水にとって冷まし、水けを絞って1cm幅に切り、しょうゆであえる。

[POINT] ごはんに具材をのせる際、小松菜の下におからパウダーを小さじ1ずつふると、余分な水分が吸収されます。

a　おからパウダー
小松菜の下にふって、
余分な水分を吸収。

RECIPE.02

三色そぼろのアクセントにぴったり

にんじんきんぴら

エネルギー：**41**kcal　タンパク質：**0.7**g　脂質：**1.3**g　炭水化物：**6.4**g　塩分：**0.6**g（1食分）

材料（4食分）

にんじん … 200g
赤唐辛子（小口切り）
　… ひとつまみ
A しょうゆ … 小さじ2
　みりん … 小さじ2
　塩 … 少々
白炒りごま … 小さじ½
ごま油 … 小さじ1

作り方

1 にんじんは細切りにする。

2 フライパンにごま油、赤唐辛子を中火で熱し、1を炒める。しんなりしてきたらAを加えて絡め、ごまを加えて混ぜ合わせる。

玄米ごはん 150g ＋おからパウダーa 小さじ1（1食分）

エネルギー：**260**kcal　タンパク質：**4.9**g　脂質：**1.9**g　炭水化物：**55.0**g　塩分：**0.0**g

┣ TOTAL ┫

エネルギー：**512** kcal

タンパク質：**28.8** g

脂質：**13.3** g

炭水化物：**65.9** g

塩分：**2.5** g

P（タンパク質）
120
100
80
60
40
20

C　　　　　　　F
（炭水化物）　（脂質）

ミールプレップのある暮らし _01

筋トレ時の増量＆減量に

海外のフィットネス界から火がついたミールプレップ。
筋トレなどをしている意識の高い人には常識の食習慣です。
栄養バランス満点の食事で理想的な筋肉を手に入れましょう。

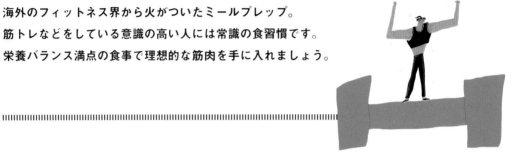

増量にはタンパク質が多いもの、
減量にはタンパク質が多めで低エネルギーのものを

　理想的な体づくりは食事が9割といわれます。一生懸命トレーニングに励んでも、食事が外食やコンビニ弁当ばかりでは努力が水の泡。まずはそこを改善するのがいちばんです。とはいえ、筋肉をつけるための食事を一から勉強するのは大変、という人も多いのでは。

　体脂肪を落とし、理想的な筋肉をつけるために大切になってくるのが、増量期と減量期です。増量期には炭水化物とタンパク質をしっかり摂取し、エネルギーも高めの食事で筋肥大させ、体を大きくします。一方、減量期にはタンパク質をメインにして、糖質と脂質

は極力控え、余分な体脂肪を落とします。

　この食事管理を簡単に叶えてくれるのが、ミールプレップなのです。本書のレシピならPart2の肉、Part3の魚がメインのものと、Part6のミニミールプレップを増量期に取り入れることで、高エネルギー・高炭水化物・高タンパク質をカバーできます。減量期には、低脂質・高タンパク質の鶏ささみや切り身魚などのミールプレップ（ごはんは少なめがベスト）や、Part5の糖質低めのメニューを取り入れれば完璧です。これで、いつでもどこでも理想的な食事をとることができます。

増量時におすすめ！ミールプレップ

タンパク質の多さがポイント。脂質と炭水化物のエネルギーには
それほどこだわらなくて OK。

▶ タンパク質が多い

コクのある
みそで満足

鶏もも肉の
ガイヤーン弁当（→P96）
+雑穀ごはん

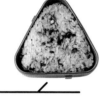

コチュジャンで
辛うま

豚のみそ漬け弁当
（→P32）

たこときゅうり、
大豆のキムチサラダ
（→P122）

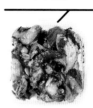

OR

漬け卵
（→P124）

OR

さば缶
トマトスープ
（→P132）

+

減量時におすすめ！ミールプレップ

脂質と炭水化物は抑えたいが、魚、豆、アボカドなど
良質な脂質はバランスよく摂取すること。

まぐろ
グリル弁当
（→P52）

▶ タンパク質が多めで
脂質と炭水化物は少なめ

トマトソースで
洋風に

タルタルが
さっぱり味

レモンが
きいてさわやか

かつおのステーキ弁当（→P58）

鶏の塩麹レモン焼き弁当
（→P26）

外に持ち運ぶときのアイデア

凍ったまま保冷バッグ に入れること

冷凍したミールプレップを会社やジムなどで食べたい場合には、凍った状態をキープさせることがポイントです。家を出る前に温めて、粗熱を取ってから持って行くのはNG！ 電子レンジで温めた段階で水分が抜けて、冷めた頃にはかたくなってしまいます。冷凍したおかずやごはんは食べる直前に電子レンジで温めるのがいちばんおいしいので、あくまでも凍ったまま保冷バッグに入れて持ち運びましょう。

保冷剤も忘れずに！

保冷バッグに凍ったミールプレップを入れるときは、必ず保冷剤をのせること。そうすることで保冷効果を高め、凍った状態をしっかりキープできます。

PART 3

約500kcal＆栄養バランス満点！

魚がメインの
ミールプレップ

FISH MEAL PREP

EPA や DHA など良質な油脂を含んでいる魚も、
しっかり食べる習慣をつけましょう。切り身や刺身を使うことで
手軽に調理でき、和風でも洋風でも簡単におかずを作れます。

筋トレ 留守番 ダイエット

まぐろグリル弁当

アボカドのタルタルソースをかけたグリルがおしゃれ！
野菜やきのこを盛りだくさんに添えたお弁当です。

| CHECK |

[温め時間]
電子レンジ600W

7分

RECIPE.01

パプリカパウダーの代わりに粗びき黒こしょうでもOK

まぐろグリル アボカドタルタル

エネルギー：**171**kcal　タンパク質：**28.1**g　脂質：**4.9**g　炭水化物：**4.1**g　塩分：**1.2**g（1食分）

a　プレーンヨーグルト
さっぱりしたヘルシーなタルタルソースに。

材料（4食分）

まぐろ（赤身／さく）…400g
A　塩…小さじ⅓
　　こしょう…少々
　　にんにく（すりおろし）
　　　…1片分
エリンギ…100g
ズッキーニ…1本（100g）
塩…少々
B　アボカド…½個
　　プレーンヨーグルト[a]
　　　…大さじ1
　　レモンの搾り汁…小さじ1
　　塩…小さじ⅓
　　こしょう…少々
パプリカパウダー…少々

作り方

1 エリンギは1cm厚さに切る。ズッキーニは半分の長さに切り、縦に1cm厚さに切る。

2 まぐろは8等分に切り、Aを順にすり込む。

3 オーブンシートを敷いた天板に1、2を並べ、塩を1にふり、230℃に熱したオーブンで10分ほど焼く。

4 アボカドをつぶし、残りのBを加えて混ぜ合わせ、3にのせてパプリカパウダーをふる。

[POINT] 食べる頃にはアボカドが少し変色しますが、パプリカパウダーをふっておけばそれほど気になりません。

RECIPE.02

プチプチとしたマスタードの食感もポイント

青菜とにんじんの粒マスタードあえ

エネルギー：**34**kcal　タンパク質：**2.1**g　脂質：**1.0**g　炭水化物：**5.1**g　塩分：**0.3**g（1食分）

材料（4食分）

ほうれん草…300g
にんじん…100g
A　粒マスタード…大さじ1
　　塩・こしょう…各少々

作り方

1 にんじんは細切りにし、熱湯で1分ほどゆで、ザルに上げて粗熱を取る。

2 同じ湯でほうれん草を1分ほどゆで、冷水にとって冷まし、水けを絞って3cm幅に切る。

3 1、2を合わせ、Aであえる。

雑穀ごはん 150g （1食分）

エネルギー：**237**kcal　タンパク質：**4.0**g　脂質：**0.9**g　炭水化物：**51.4**g　塩分：**0.0**g

TOTAL

エネルギー：**442** kcal

タンパク質：**34.2** g

脂質：**6.8** g

炭水化物：**60.6** g

塩分：**1.5** g

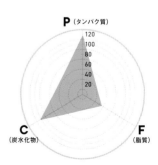

P（タンパク質）
120
100
80
60
40
20
C（炭水化物）
F（脂質）

筋トレ 親へ アスリート

サーモンのハンバーグ弁当

たたいたサーモンのハンバーグに、和風のソースをかけた絶品！
野菜はグリルしてから冷凍すれば、おいしさをキープできます。

\ CHECK /
[温め時間]
電子レンジ600W
7分

RECIPE.01

鶏ひき肉も混ぜ込んでボリュームアップ! 豆腐で代用もOK

サーモンのハンバーグ きのこソース

エネルギー：**283**kcal タンパク質：**26.9**g 脂質：**15.3**g 炭水化物：**7.7**g 塩分：**1.8**g（1食分）

a おからパウダー
小麦粉の代わりに使ってヘルシーに。

材 料（4食分）

A サーモン（刺身）…300g
  鶏ひき肉（むね肉）…150g
  玉ねぎ…½個
  溶き卵…½個分
  おからパウダー[a]…大さじ2
  塩…小さじ⅔
  こしょう…少々
しめじ…100g
万能ねぎ…20g
しょうが…1片
B 水…大さじ2
  しょうゆ…小さじ2
  みりん…小さじ2
  酢…小さじ1
  コンソメスープの素（顆粒）
    …小さじ½
オリーブ油…小さじ1

作り方

1 しめじはほぐす。万能ねぎは小口切りに、しょうがはみじん切りにする。

2 玉ねぎはみじん切りにする。サーモンは包丁でたたく。

3 Aを練り合わせ、4等分して丸める。

4 フライパンにオリーブ油を中火で熱し、3の両面を3分ほどずつ焼き、取り出す。

5 フライパンに残った油で1を中火で炒め、Bを加えて絡め、4にかける。

[POINT] サーモンは刺身のほうが、脂が少なめ。皮を取り除く手間が省けて時短にもなります。鶏ひき肉の代わりに豆腐を使うなら、重しをして10分ほどおき、水けをしっかりきること。そしておからパウダーではなく小麦粉を使ってください。

RECIPE.02

電子レンジで温めると、レモンがしみてマリネのように

グリル野菜

エネルギー：**32**kcal タンパク質：**1.2**g 脂質：**1.2**g 炭水化物：**5.2**g 塩分：**0.1**g（1食分）

材 料（4食分）

グリーンアスパラガス…4本
赤パプリカ…1個
塩・こしょう…各少々
オリーブ油…小さじ1
レモン（皮をむいて輪切り）
  …4枚

作り方

1 アスパラは筋を取り除いて3等分に切る。パプリカは1cm幅に切る。

2 フライパンにオリーブ油を中火で熱し、1を焼き、塩、こしょうをふる。

3 2にレモンを添える。

[POINT]「サーモンのハンバーグ きのこソース」作り方4で一緒に焼くと、時短になります。

玄米ごはん 150g（1食分）

エネルギー：**248**kcal タンパク質：**4.2**g 脂質：**1.5**g 炭水化物：**53.4**g 塩分：**0.0**g

TOTAL

エネルギー：**563** kcal

タンパク質：**32.3** g

脂質：**18.0** g

炭水化物：**66.3** g

塩分：**1.9** g

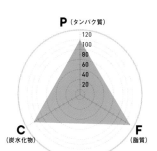

P（タンパク質）
120
100
80
60
40
20

C（炭水化物）   F（脂質）

めかじきの照り煮弁当

シンプルな和風のお弁当。照り煮のあんの味が絡みやすいから、
添える野菜のおかずはシンプルな味つけで十分です。

\ CHECK /
[温め時間]
電子レンジ600W
6分30秒

RECIPE.01

粉寒天入りのあんがよく絡んでおいしい

めかじきの照り煮

エネルギー：**178**kcal　タンパク質：**20.2**g　脂質：**7.6**g　炭水化物：**5.2**g　塩分：**1.6**g（1食分）

材料（4食分）

めかじき（切り身）…4切れ（400g）
塩…小さじ½
わけぎ…100g
A　だし汁…200mℓ
　｜しょうゆ…大さじ1
　｜みりん…大さじ1
　｜しょうがの絞り汁…大さじ1
粉寒天[a]…小さじ1

作り方

1　めかじきは塩をふって10分ほどおき、水けをペーパータオルで拭き取る。

2　わけぎは4cm幅に切る。

3　フライパンでAを中火で煮立て、粉寒天、1、2を加え、5分ほど煮る。

a　粉寒天
片栗粉よりもヘルシーにとろみづけできる。

RECIPE.02

電子レンジで温めると、煮物っぽい仕上がりに

大根とハムの炒め物

エネルギー：**53**kcal　タンパク質：**3.2**g　脂質：**3.5**g　炭水化物：**2.3**g　塩分：**1.0**g（1食分）

材料（4食分）

大根…200g
ロースハム…5枚（70g）
塩…ふたつまみ
こしょう…少々
ごま油…小さじ1

作り方

1　大根は厚めの短冊切りにする。ハムは半分に切り、1cm幅に切る。

2　フライパンにごま油を強火で熱し、1を1分ほど炒め、塩、こしょうをふる。

[POINT] 大根から汁けが出るので、容器に詰める際は仕切りをしましょう。

⊢ TOTAL ⊣

エネルギー：**478** kcal

タンパク質：**27.6** g

脂質：**12.1g** g

炭水化物：**61.2** g

塩分：**3.0** g

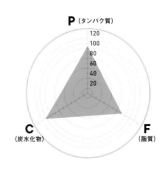

P（タンパク質）
120 100 80 60 40 20
C（炭水化物）　　F（脂質）

RECIPE.03

β-カロテンが豊富で美肌キープに効果的

ひらひらにんじんの塩もみ

エネルギー：**10**kcal　タンパク質：**0.2**g　脂質：**0.1**g　炭水化物：**2.3**g　塩分：**0.4**g（1食分）

材料（4食分）

にんじん…100g
塩…小さじ¼

作り方

1　にんじんはピーラーで薄切りにし、塩をふって軽くもみ、水けを絞る。

[POINT] 容器に詰めて照り煮のあんがついた状態もおいしいです。

雑穀ごはん150g（1食分）

エネルギー：**237**kcal　タンパク質：**4.0**g　脂質：**0.9**g　炭水化物：**51.4**g　塩分：**0.0**g

筋トレ ダイエット アスリート

かつおのステーキ弁当

特有の生臭さがあるかつおは、洋風トマトソースでおいしく！
サラダはマヨネーズ不使用で、エネルギーと脂質を抑えています。

\ CHECK /
[温め時間]
電子レンジ600W
6分30秒

RECIPE.01

トマトなどを炒め合わせたソースがマッチ

かつおのステーキ 蒸しキャベツ添え

エネルギー：**160**kcal　タンパク質：**27.0**g　脂質：**2.8**g　炭水化物：**6.0**g　塩分：**1.2**g（1食分）

材料（4食分）

かつお（さく）…400g
塩…小さじ⅔
こしょう…少々
トマト…1個
玉ねぎ…¼個
パセリ…15g
にんにく…1片
A　白ワインビネガー…大さじ2
　　ディジョンマスタード
　　　…小さじ½
　　塩・こしょう…各少々
オリーブ油…小さじ2
キャベツ…150g

作り方

1　かつおは1cm厚さに切り、塩をふって10分ほどおき、水けをペーパータオルで拭き取ってこしょうをふる。

2　トマトは種を取り除き、粗めのみじん切りにする。玉ねぎ、パセリはみじん切りにする。にんにくはつぶす。

3　フライパンにオリーブ油小さじ1、にんにくを中火で熱し、1の両面を焼き、取り出す。

4　フライパンにオリーブ油小さじ1を足し、玉ねぎを中火で炒め、しんなりしてきたら、トマト、パセリを加えてさっと炒める。Aを加えて混ぜ合わせ、3にかける。

5　キャベツは5mm幅の細切りにし、ラップで包んで電子レンジで1分加熱する。

[POINT] ソースをかけることで、しっとりとした食感を保てます。

a　キドニービーンズ
赤いんげん豆。鉄分やカルシウムが豊富。

RECIPE.02

ビタミンEが豊富なかぼちゃは美肌づくりに役立つ

かぼちゃとキドニービーンズのサラダ

エネルギー：**86**kcal　タンパク質：**3.5**g　脂質：**0.7**g　炭水化物：**16.5**g　塩分：**0.5**g（1食分）

材料（4食分）

かぼちゃ…200g
キドニービーンズ a（水煮）
　…100g
A　粉チーズ…小さじ2
　　塩…小さじ⅓
　　こしょう…少々

作り方

1　かぼちゃはひと口大に切り、耐熱皿に並べてラップをかけ、電子レンジで3分30秒加熱し、粗熱が取れるまでそのままおく。

2　1をつぶし、汁けをきったキドニービーンズと合わせ、Aであえる。

玄米ごはん 150g （1食分）

エネルギー：**248**kcal　タンパク質：**4.2**g　脂質：**1.5**g　炭水化物：**53.4**g　塩分：**0.0**g

─┤ TOTAL ├─

エネルギー：**494** kcal

タンパク質：**34.7** g

脂質：**5.0** g

炭水化物：**75.9** g

塩分：**1.7** g

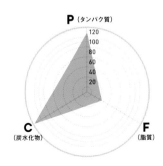

P（タンパク質）
120 100 80 60 40 20
C（炭水化物）　F（脂質）

鮭のみそマスタード焼き弁当

鮭とつけ合わせの具材を焼いている間にサラダを作れば、
短時間で完成するお弁当です。こっくりとしたおいしさを味わって。

CHECK
[温め時間]
電子レンジ600W
6分30秒

RECIPE.01

こんがり焼けたコクのあるタレで大満足

鮭のみそマスタード焼き

エネルギー：**185**kcal　タンパク質：**24.7**g　脂質：**5.2**g　炭水化物：**10.0**g　塩分：**1.5**g（1食分）

材料（4食分）

生鮭（切り身）…4切れ（400g）
塩…少々
エリンギ…100g
玉ねぎ…1個
A みそ…大さじ2
　粒マスタード…小さじ2
　はちみつ…小さじ2

作り方

1 鮭は塩をふって10分ほどおき、水けをペーパータオルで拭き取る。

2 エリンギは1cm厚さに切る。玉ねぎは1cm厚さの輪切りにする。

3 オーブンシートを敷いた天板に1、2を並べる。Aを混ぜ合わせて1にぬり、230℃に熱したオーブンで10分ほど焼く。

a 大豆
イソフラボンは骨の老化防止にも効果的。

RECIPE.02

セロリはスタミナ回復や精神を安定させる効果が

大豆と塩もみセロリ・キャベツのサラダ

エネルギー：**45**kcal　タンパク質：**3.7**g　脂質：**1.8**g　炭水化物：**4.2**g　塩分：**1.2**g（1食分）

材料（4食分）

大豆 a（水煮）…100g
セロリ（茎）…100g
キャベツ…100g
塩…小さじ1
酢…小さじ2

作り方

1 セロリは薄切りに、キャベツは細切りにし、塩をふってもみ、水けを絞る。

2 汁けをきった大豆、1を合わせ、酢であえる。

雑穀ごはん 150g（1食分）

エネルギー：**237**kcal　タンパク質：**4.0**g　脂質：**0.9**g　炭水化物：**51.4**g　塩分：**0.0**g

⊢━ TOTAL ━⊣

エネルギー：**467** kcal

タンパク質：**32.4** g

脂質：**7.9** g

炭水化物：**65.6** g

塩分：**2.7** g

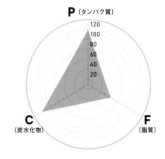

P（タンパク質）
120 100 80 60 40 20
C（炭水化物）　F（脂質）

めかじきのタンドリー風弁当

オーブンで焼くだけのおかずは、たくさん作りおきするのに便利！
主菜に油を使っていない分、副菜として炒め物を添えます。

\ CHECK /
[温め時間]
電子レンジ600W
7分

RECIPE.01

カレー粉が脂肪燃焼や発汗などを促進

めかじきのタンドリー風

エネルギー：**185**kcal タンパク質：**20.6**g 脂質：**8.2**g 炭水化物：**6.3**g 塩分：**1.9**g（1食分）

材料（4食分）

めかじき（切り身）
…4切れ（400g）
塩…小さじ1
A プレーンヨーグルト[a]
…大さじ3
トマトケチャップ…小さじ2
カレー粉…小さじ1
にんにく（すりおろし）
…1片分
しょうが（すりおろし）
…1片分
ズッキーニ…1本（100g）
赤パプリカ…1個
塩・こしょう…各少々

作り方

1 めかじきは塩小さじ1をふって10分ほどおき、水けをペーパータオルで拭き取る。Aを混ぜ合わせて絡める。

2 ズッキーニは半分の長さに切り、縦に1cm厚さに切る。パプリカは1cm幅に切る。

3 オーブンシートを敷いた天板に1、2を並べ、塩、こしょう各少々を2にふり、230℃に熱したオーブンで10分ほど焼く。

[POINT] 加熱すると、パプリカがフルーツのように甘くなります。

a プレーンヨーグルト
もみ込むことで、魚もふっくら焼き上がる。

b ひよこ豆
食物繊維やビタミンB₁などが豊富。

RECIPE.02

鉄分が豊富なほうれん草は筋肉づくりにぴったり

ほうれん草とひよこ豆の炒め物

エネルギー：**67**kcal タンパク質：**4.0**g 脂質：**1.9**g 炭水化物：**9.2**g 塩分：**0.5**g（1食分）

材料（4食分）

ほうれん草…300g
ひよこ豆[b]（水煮）…100g
塩…ふたつまみ
こしょう…少々
オリーブ油…小さじ1

作り方

1 ほうれん草は熱湯で1分ほどゆで、水けを絞り、ざく切りにする。

2 フライパンにオリーブ油を強火で熱し、1、汁けをきったひよこ豆を炒め、塩、こしょうで味をととのえる。

玄米ごはん150g（1食分）

エネルギー：**248**kcal タンパク質：**4.2**g 脂質：**1.5**g 炭水化物：**53.4**g 塩分：**0.0**g

┣ TOTAL ┫

エネルギー：**500** kcal

タンパク質：**28.8** g

脂質：**11.6** g

炭水化物：**68.9** g

塩分：**2.4** g

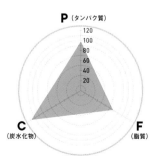

P（タンパク質）
120
100
80
60
40
20

C（炭水化物）

F（脂質）

白身魚のみそチーズ焼き弁当

淡白な白身魚にみそとチーズを合わせて満足感のあるおかずに。
炒り卵が入ったあえ物は、やさしい味わいです。

\ CHECK /
[温め時間]
電子レンジ600W
6分30秒

RECIPE.01

焼く前にふるカレー粉もポイント！

白身魚のみそチーズ焼き

エネルギー：**143**kcal　タンパク質：**21.8**g　脂質：**3.0**g　炭水化物：**7.4**g　塩分：**2.1**g（1食分）

材料（4食分）

白身魚（たら／切り身）
　…4切れ（400g）
塩…小さじ½
みそ…小さじ4
スライスチーズ…2枚
カレー粉…少々
さやいんげん…60g
れんこん…4cm（100g）
しいたけ…4枚
塩…少々

作り方

1　白身魚は塩小さじ½をふって10分ほどおき、水けをペーパータオルで拭き取る。

2　いんげんはヘタを切り落とし、半分の長さに切る。れんこんは1cm厚さの輪切りにする。しいたけは軸を切り落とす。

3　オーブンシートを敷いた天板に1、2を並べる。1にみそを塗り、半分に切ったチーズをのせ、カレー粉をふる。2に塩少々をふる。230℃に熱したオーブンで10分ほど焼く。

a　桜えび
殻つきだからミネラルをしっかり補給できる。

RECIPE.02

カルシウムが豊富なコンビで骨を丈夫に

小松菜と桜えびのあえ物

エネルギー：**38**kcal　タンパク質：**4.4**g　脂質：**1.6**g　炭水化物：**2.0**g　塩分：**0.6**g（1食分）

材料（4食分）

小松菜…300g
桜えび a（乾燥）…10g
A　卵…1個
　｜　塩…ひとつまみ
しょうゆ…小さじ1

作り方

1　小松菜は1分ほど塩ゆで（湯1ℓに塩大さじ1）し、冷水にとって冷まし、水けを絞ってざく切りにする。

2　桜えびは粗めに砕く。

3　フライパンを中火で熱し、Aを溶き混ぜて流し入れ、菜箸でよく混ぜながら炒り卵にする。

4　1、2、3を合わせ、しょうゆであえる。

雑穀ごはん150g（1食分）

エネルギー：**237**kcal　タンパク質：**4.0**g　脂質：**0.9**g　炭水化物：**51.4**g　塩分：**0.0**g

├── TOTAL ──┤

エネルギー：**418** kcal

タンパク質：**30.2** g

脂質：**5.5** g

炭水化物：**60.8** g

塩分：**2.7** g

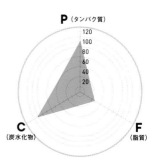

P（タンパク質）
120
100
80
60
40
20
C（炭水化物）　　　F（脂質）

親へ アスリート

さばとおからのそぼろ弁当

脂質が多いさばはたくさんは使えないので、その分おからを加えます。
おかず3品がフライパン、鍋、電子レンジで同時調理できるから時短に！

| CHECK |

[温め時間]
電子レンジ600W

5分

a 生おから
不溶性食物繊維が多く
含まれ、便秘を解消。

b 切り干し大根
食物繊維、カリウム、
鉄分などが豊富。

RECIPE.01

おからを加えて、かさ増し＆食物繊維量アップ！

さばとおからのそぼろ

エネルギー：**155**kcal　タンパク質：**11.2**g　脂質：**8.1**g　炭水化物：**8.1**g　塩分：**1.2**g（1食分）

材料（4食分）

さば（半身）…150g
生おから a…150g
A しょうが（みじん切り）…1片分
　みそ…大さじ1½
　しょうゆ…小さじ1
　みりん…小さじ1
絹さや…10枚

作り方

1 さばはスプーンで身をこそげ取る。

2 フライパンで1を炒る。火が通ってきたら、おからを加えてさらに炒り、Aを加えて混ぜ合わせる。

3 絹さやは筋を取り除き、細切りにする。

［POINT］容器に詰めるときは、冷ました玄米ごはんの上に2、3をのせます。

RECIPE.02

低脂質・高タンパク質なちくわも筋肉づくりにぴったり

ちくわと切り干し大根の煮物

エネルギー：**61**kcal　タンパク質：**4.0**g　脂質：**0.6**g　炭水化物：**9.8**g　塩分：**1.1**g（1食分）

材料（4食分）

ちくわ…100g
切り干し大根 b…20g
にんじん…50g
だし汁…200ml
A しょうゆ…小さじ2
　みりん…小さじ2

作り方

1 切り干し大根は水に浸して戻し、ざく切りにして水けを絞る。

2 ちくわは5mm幅の輪切りにする。にんじんは細切りにする。

3 鍋にだし汁、1、2を入れて中火で煮立て、Aを加えて落とし蓋をし、弱火で10分ほど、煮汁が少なくなるまで煮る。

RECIPE.03

豊富なβ-カロテンが免疫力をアップ

蒸しかぼちゃ

エネルギー：**68**kcal　タンパク質：**1.4**g　脂質：**0.2**g　炭水化物：**15.5**g　塩分：**0.0**g（1食分）

材料（4食分）

かぼちゃ…300g

作り方

かぼちゃは小さめのひと口大に切り、耐熱皿に並べてラップをかけ、電子レンジで4分加熱し、粗熱が取れるまでそのままおく。

［POINT］ラップをかけたままおいて、しっとり仕上げます。

玄米ごはん150g（1食分）

エネルギー：**248**kcal　タンパク質：**4.2**g　脂質：**1.5**g　炭水化物：**53.4**g　塩分：**0.0**g

TOTAL

エネルギー：**532**kcal
タンパク質：**20.8**g
脂質：**10.4**g
炭水化物：**86.8**g
塩分：**2.3**g

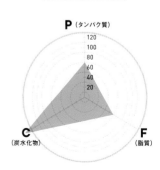

P（タンパク質）
C（炭水化物）　F（脂質）

親へ ダイエット

白身魚グリル弁当

シンプルに焼いた白身魚に、コクのあるソースをかけたお弁当。
卵焼きは塩昆布を入れるので、味つけいらずで簡単に作れます。

CHECK

[温め時間]
電子レンジ600W

6分

RECIPE.01

旨みたっぷりのソースを絡めて食べ応えアップ

白身魚グリル にらきのこソース

エネルギー：**173**kcal　タンパク質：**18.5**g　脂質：**8.8**g　炭水化物：**5.1**g　塩分：**1.9**g（1食分）

材料（4食分）

白身魚（めだい／切り身）
　…4切れ（400g）
塩…小さじ½
にら…50g
えのきだけ…80g
しめじ…80g
鶏がらスープ…150mℓ
A　オイスターソース
　　…大さじ½
　しょうゆ…大さじ½
　みりん…大さじ½
粉寒天[a]…小さじ1

作り方

1　白身魚は半分に切り、塩をふって10分ほどおき、水けをペーパータオルで拭き取り、強火の魚焼きグリル（両面焼き）で7分ほど焼く。

2　にらは1cm幅に、えのきは2cm幅に切る。しめじはほぐす。

3　鍋で鶏がらスープを温め、2、A、粉寒天を加え、混ぜながら中火で2分ほど煮る。

4　3を冷まして固まったら1にかける。

a　粉寒天
海藻が原料だから、食物繊維が豊富。

RECIPE.02

ピーマンの種が入ってもOK！

ピーマンの卵焼き

エネルギー：**66**kcal　タンパク質：**5.4**g　脂質：**4.2**g　炭水化物：**2.1**g　塩分：**0.8**g（1食分）

材料（4食分）

A　卵…3個
　ピーマン…2個
　塩昆布…15g
　だし汁…大さじ3
ごま油…少々

作り方

1　ピーマンは5mm角に切る。

2　卵を割りほぐし、残りのAを加えてよく混ぜ合わせる。

3　卵焼き器にごま油を薄くひいて中火で熱し、2を適量流し入れる。焼けてきたら端から丸めて寄せて油を薄くひき、2を適量流し入れる。これを繰り返して卵焼きにする。

3　粗熱が取れたら8等分に切る。

玄米ごはん 150g（1食分）

エネルギー：**248**kcal　タンパク質：**4.2**g　脂質：**1.5**g　炭水化物：**53.4**g　塩分：**0.0**g

┣ TOTAL ┫

エネルギー：**487** kcal

タンパク質：**28.1** g

脂質：**14.5** g

炭水化物：**60.6** g

塩分：**2.7** g

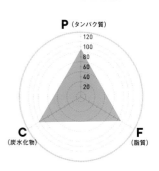

P（タンパク質）
120
100
80
60
40
20
C（炭水化物）
F（脂質）

ミールプレップのある暮らし_02

離れて暮らす親へ届ける

実家を出て暮らしていると、気になってくる親の食事。
元気に長生きしてほしいから、子どもから親へ、
栄養バランスの整ったミールプレップを送りましょう。

あっさりした味で、やわらかく食べやすいものを。
栄養バランス満点なので安心

　実家を出て暮らしている場合、だんだん気になってくるのが親の食事です。家族のために食事作りを頑張ってくれていた母親も高齢になると、料理すること自体がおっくうで、でき合いの惣菜に頼りがちに…。そんな食事が続いては、栄養が偏ります。特に市販の惣菜は余分な油脂が多く、味が濃いものばかりなので、脂肪過多や塩分過多を招き、高血圧や動脈硬化、心臓病などの原因になります。

　栄養バランスのいい食事をしてほしいと願うなら、ミールプレップを作ってあげましょう。薄味でやわらかいものがおすすめです。

　また、高齢になるほど筋肉や体力が落ちやすくなるので、高タンパクなメニューだとさらに◎。味つけは好みもあるので、何を食べたいか電話で聞くのもいいと思います。

　親が近くに住んでいるなら、冷凍する前のミールプレップを持って行って一緒に食事を楽しみ、残った分を冷凍してもいいですね。会話をしながら食べるだけでも、食事を楽しむ意欲が湧いてくるはずです。遠方に住んでいるなら、ミールプレップを2種類ほど作って冷凍し、クール便で発送を。届いたらすぐに冷凍保存するように伝えましょう。

高齢の親におすすめ！ミールプレップ

濃い味つけのものは避けて、あっさりとしたものをチョイス。
また、歯応えのあるものが食べづらい場合を考慮して、
ひき肉や魚をふんわり焼き上げたおかずにすると安心。

▶ 薄味でやわらかい

豚豆腐団子弁当
（→P38）

ふんわり
やさしい食感

鶏つくね弁当
（→P30）

甘辛いタレが
よく合う

ほろほろの
白身魚！

白身魚のみそチーズ焼き弁当
（→P64）

きのこの
旨みたっぷり

サーモンのハンバーグ弁当
（→P54）

これですっきり！
冷凍室内の収納テク

引き出しタイプなら
見える収納を

ミールプレップ生活を始めたい人にとって
気がかりなのが、何食分もの容器を冷凍室
にきちんと収納できるのか、ということで
はないでしょうか。おすすめは、引き出し
タイプの冷凍室での保存です。同じ形の保

存容器を重ねて入れられるので取り出しや
すく、蓋にお弁当の名前を記入しておけば
一目瞭然で、食べ忘れてしまった…という
心配もありません。また、容器を薄型のも
のにすると、一度凍らせてしまえば立てて
収納でき、省スペースに。庫内の広さに合
わせて、収納方法や容器の形・大きさも工
夫してみるといいでしょう。

PART **4**

約500kcal＆栄養バランス満点！

ワンディッシュの
ミールプレップ

ONE DISH MEAL PREP

ごはんや押し麦、ペンネと一緒に食べるワンディッシュタイプなら、
作るのも容器に詰めるのも簡単です。
いろいろな具材を入れて、満足感たっぷりに仕上げましょう。

筋トレ　親へ　留守番　アスリート

豆乳リゾット弁当

玄米のリゾットは消化がよく、
栄養バランスの整った食事が手軽にとれます。
鶏肉と豆乳でタンパク質もたっぷり補給しましょう。

| CHECK |

[温め時間]
電子レンジ600W

7分

RECIPE.01

具材がごろごろ入っているから満足度高め

鶏肉とかぼちゃの 豆乳リゾット

a パンプキンシード
良質な脂肪酸などが豊富。クルミで代用も◎。

材 料 (4食分)

鶏もも肉 (皮を取り除く)
　… 2枚 (400g)
塩・こしょう … 各少々
かぼちゃ … 300g
水 … 150mℓ
A 無調整豆乳 … 600mℓ
　塩 … 小さじ1
　こしょう … 少々
玄米ごはん … 600g
パンプキンシード[a] … 15g

作り方

1 かぼちゃは1.5cm角に切る。

2 鶏肉はひと口大に切り、塩、こしょうをふる。

3 鍋に1、2、水を入れ、蓋をして中火で5分ほど蒸し煮にする。

4 かぼちゃがやわらかくなったら火を止め、Aを加えて混ぜ、冷ます。

5 冷ました玄米ごはんに4をかけ、パンプキンシードを散らす。

[POINT] 雑穀ごはんよりも、汁けを吸い込みすぎない玄米ごはんを使うのがおすすめです。豆乳を加える前に火を止めることで、粗熱を取る時間を短縮できます。

TOTAL (1食分)

エネルギー：534 kcal

タンパク質：31.0 g

脂質：11.7 g

炭水化物：74.0 g

塩分：1.8 g

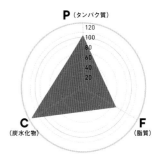

P (タンパク質)
120 100 80 60 40 20
C (炭水化物)　F (脂質)

留守番　ダイエット　アスリート

チーズリゾット弁当

リゾットは、材料を切ってしまえばあとは煮るだけだからラク！
容器に詰めるのも簡単な、ぜひ試してほしいヘルシー弁当です。

| CHECK |
[温め時間]
電子レンジ600W
7分

RECIPE.01

最後に加えるカッテージチーズもポイント

レンズ豆と豚肉の
チーズリゾット

a レンズ豆
凸レンズのような形。
豆のなかで鉄分が多め。

b カッテージチーズ
脂肪が少なめで、あっ
さりとした味わい。

材料(4食分)

豚もも薄切り肉
（脂肪を取り除く）
　… 250g
塩・こしょう … 各少々
玉ねぎ … ½個
にんじん … 200g
にんにく … 1片
レンズ豆[a](乾燥) … 50g
カッテージチーズ[b] … 100g
A 水 … 800㎖
　コンソメスープの素(顆粒)
　　… 小さじ1
塩 … 小さじ1
こしょう … 少々
玄米ごはん … 600g
パセリ(みじん切り) …10g

作り方

1 玉ねぎ、にんじん、にんにくは粗めのみじん切りにする。レンズ豆は洗って水けをきる。

2 豚肉は1㎝幅に切り、塩、こしょう各少々をふる。

3 鍋に1、2、Aを入れ、蓋をして中火で煮立て、そのまま10分ほど煮る。

4 塩小さじ1、こしょう少々で味をととのえ、火を止めて冷まし、カッテージチーズを加えて混ぜる。

5 冷ました玄米ごはんに4をかけ、パセリを散らす。

TOTAL
(1食分)

エネルギー：442 kcal

タンパク質：24.7 g

脂質：6.8 g

炭水化物：68.9 g

塩分：2.4 g

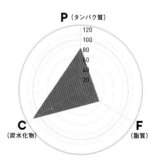

P (タンパク質)
120
100
80
60
40
20

C
(炭水化物)

F
(脂質)

手作りツナペンネ弁当

ツナは市販品を使うよりも、手作りするのが断然おすすめ。
脂質が少なく、ダイエットにも効果的なお弁当です。

\ CHECK /
[温め時間]
電子レンジ600W
6分30秒

RECIPE.01

香味野菜と一緒に蒸し焼きしたツナがおいしい

手作りツナペンネ

a 全粒粉ペンネ
食物繊維、鉄分、ビタ
ミンなどが豊富。

材料(4食分)

まぐろ(赤身／さく)
　… 400g
塩 … 小さじ½
玉ねぎ … 1個
にんじん … 150g
にんにく … 1片
セロリ … 1本
A 白ワイン … 50mℓ
　 オリーブ油 … 小さじ1
塩 … 小さじ1
こしょう … 少々
全粒粉ペンネ^a(乾麺)
　… 320g

作り方

1 玉ねぎは半分に切って薄切りに、にんじんはいちょう切りに、にんにくはみじん切りにする。セロリは茎を斜め薄切りに、葉を細切りにする。

2 まぐろに塩小さじ½をまぶす。

3 鍋にセロリの葉以外の1を入れて2をのせ、Aを回し入れ、蓋をして中火で6分ほど蒸し焼きにする。

4 火を止め、まぐろをよくほぐしながら全体を混ぜ合わせ、塩小さじ1、こしょう少々で味をととのえ、冷ます。

5 ペンネを袋の表示通りに塩ゆでし、冷水にとって冷まし、水けをしっかりきる。

6 5に4をかけ、セロリの葉を散らす。

┨ TOTAL ┠
(1食分)

エネルギー：481 kcal

タンパク質：37.0 g

脂質：4.1 g

炭水化物：67.5 g

塩分：2.4 g

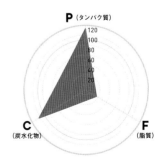

P (タンパク質)
120
100
80
60
40
20

C
(炭水化物)

F
(脂質)

ONE DISH MEAL PREP.04

筋トレ　　アスリート

豆乳ペンネ弁当

サーモンと緑黄色野菜に
豆乳と卵を絡めて、栄養バランス抜群!
抗酸化作用のある
ビタミンがたっぷりで、
疲れた体が元気になるお弁当です。

RECIPE.01

ブロッコリーにはビタミンCなどが豊富

サーモンと
ブロッコリーの豆乳ペンネ

a 全粒粉ペンネ
血糖値の急上昇を抑制。
腹持ちのよさも利点。

材料(4食分)

サーモン(切り身)
　… 2切れ(200g)
塩 … 小さじ½
こしょう … 少々
ブロッコリー … 150g
にんじん … 150g
エリンギ … 100g
赤パプリカ … ½個
水 … 100mℓ
A 無調整豆乳 … 400mℓ
　卵 … 2個
　塩 … 小さじ1
　こしょう … 少々
全粒粉ペンネª(乾麺)
　… 320g

作り方

1 ブロッコリーは小房に分ける。にんじんはいちょう切りに、エリンギは1.5cm厚さの半月切りにし、パプリカは1.5cm角に切る。

2 サーモンはひと口大に切り、塩、こしょうをふる。

3 鍋に1を入れて2をのせ、水を回し入れ、蓋をして中火で6分ほど蒸し煮にする。

4 火を止め、Aを混ぜ合わせて加え、冷ます。

5 ペンネを袋の表示より2分ほど短く塩ゆでし、冷水にとって冷まし、水けをしっかりきる。

6 5に4をかける。

[POINT] 電子レンジでの加熱中にペンネが豆乳ソースの水分を吸うので、ゆで時間は短めに。作ってすぐ食べるなら、ペンネは袋の表示通りの時間でゆでてください。

TOTAL
(1食分)

エネルギー : 545 kcal

タンパク質 : 29.3 g

脂質 : 14.6 g

炭水化物 : 71.0 g

塩分 : 2.4 g

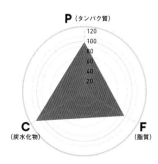

P (タンパク質)
120
100
80
60
40
20

C
(炭水化物)

F
(脂質)

ガパオ弁当

手作りのお弁当で、タイ料理のガパオを楽しんでみては。
具材は栄養満点！エスニックな味つけが食欲をそそります。

\ CHECK /
[温め時間]
電子レンジ600W
5分30秒

RECIPE.01

温泉卵と絡めたときにちょうどいい味つけに

鶏むね肉のガパオ

a 桜えび
旨み成分のグリシンが
豊富に含まれる。

b ドライバジル
甘くさわやかな香りが
特徴のスパイス。

材料（4食分）

鶏むね肉（皮なし）… 400g
塩 … 小さじ½
こしょう … 少々
玉ねぎ … ½個
にんにく … 1片
しょうが … 1片
赤パプリカ … 1個
ピーマン … 2個
桜えびa（乾燥）… 5g
A ドライバジルb
　　… 小さじ1
　ナンプラー … 大さじ2
　オイスターソース
　　… 大さじ2
ごま油 … 小さじ1
雑穀ごはん … 600g
温泉卵 … 4個

作り方

1 玉ねぎ、にんにく、しょうがはみじん切りにする。

2 パプリカ、ピーマンは1cm角に切る。

3 鶏肉は1cm角に切り、塩、こしょうをふる。

4 フライパンにごま油を中火で熱し、1を香りが出るまで炒め、3、桜えびを加えてさらに炒める。

5 火を止め、2、Aを加えて混ぜ合わせ、冷ます。

6 冷ました雑穀ごはんに5を盛る。食べる直前に温泉卵をのせる。

［ POINT ］冷凍するときは温泉卵なしの状態で。電子レンジで温め終わったところに温泉卵をのせ、少しずつ絡めながら食べて。

┝ **TOTAL** ┥
（1食分）

エネルギー：**483** kcal

タンパク質 **36.7** g

脂質 **9.2** g

炭水化物 **59.7** g

塩分：**4.2** g

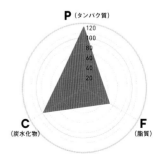

P（タンパク質）
120
100
80
60
40
20

C
（炭水化物）

F
（脂質）

タコライス風弁当

スパイシーなタコミートを雑穀ごはんにのせて、メキシカン弁当に！
アボカドによって辛さがやわらぎ、マイルドな味わいになります。

∖ CHECK ∕
[温め時間]
電子レンジ600W
6分30秒

RECIPE.01

レタスの代わりにケールを使って栄養たっぷり

タコライス風

a　**キドニービーンズ**
キドニーは肝臓のこと。
豆の見た目の形に由来。

b　**ケール**
ビタミンCが豊富。青
汁の原料などにされる。

c　**チリパウダー**
唐辛子、パプリカ、オ
レガノなどをブレンド。

材料(4食分)

牛ひき肉(赤身) … 240g
キドニービーンズ[a](水煮)
　… 200g
玉ねぎ … ½個
にんにく … 1片
ミニトマト … 150g
ケール[b] … 50g
A トマトケチャップ
　　… 大さじ4
　チリパウダー[c] … 5ふり
　カレー粉 … 小さじ½
　塩 … 小さじ⅔
　こしょう … 少々
オリーブ油 … 小さじ1
雑穀ごはん … 600g
アボカド … 100g

作り方

1　玉ねぎ、にんにくはみじん切りにする。

2　ミニトマトは半分に、ケールは1cm四方に切る。

3　フライパンにオリーブ油を中火で熱し、**1**を香りが出るまで炒め、ひき肉、汁けをきったキドニービーンズを順に加えて炒め合わせ、**A**を加えて味をととのえる。

4　火を止め、**2**を加えて混ぜ合わせ、冷ます。

5　冷ました雑穀ごはんに**4**をのせ、アボカドを1cm角に切って散らす。

[POINT] アボカドは温めると変色するので、見た目が気になるなら、ごはんの次にアボカドをのせるといいでしょう。

├── **TOTAL** ──┤
(1食分)

エネルギー：**525** kcal

タンパク質：**22.6** g

脂質：**13.9** g

炭水化物：**75.4** g

塩分：**1.6** g

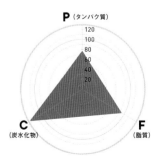

P (タンパク質)
120
100
80
60
40
20

C　　　　　　　　　　　　F
(炭水化物)　　　　　　　　(脂質)

CHECK

[温め時間]
電子レンジ600W

7分

ONE DISH MEAL PREP.07 　留守番　　ダイエット

ヨーグルトカレー弁当

ヨーグルトとオクラ入りで、腸内環境を整えるのに
効果的なお弁当。容器に詰める際はスライスチーズを
仕切りにすると、ごはんがベチャッとなりません。

RECIPE.01　かみ応えのあるいかはダイエットにぴったり

いかとオクラの
ヨーグルトカレー

a　プレーンヨーグルト

カレーに加えると、さっぱりとした味わいに。

b　クミンシード

香りはカレーそのもの。消化を助けるスパイス。

材 料 (4食分)

いか(するめいかなど)
　… 2枚(正味400g)
ミニトマト … 150g
オクラ … 1パック
しめじ … 150g
にんにく … 1片
しょうが … 1片
クミンシード[b] … 小さじ1
プレーンヨーグルト[a]
　… 200g
水 … 200mℓ
A　カレー粉 … 大さじ2
　塩 … 小さじ1
　こしょう … 少々
オリーブ油 … 小さじ1
雑穀ごはん … 600g
スライスチーズ(半分に切る)
　… 2枚分

作 り 方

1　オクラはガクを切り取り、斜め半分に切る。しめじはほぐす。

2　にんにく、しょうがはみじん切りにする。

3　いかは胴と足を離し、軟骨を取り除く。胴は輪切りにし、足はワタと吸盤を取り除いて2～3本ずつに分ける。

4　フライパンにオリーブ油を中火で熱し、2、クミンシードを香りが出るまで炒め、3を加えて炒め合わせる。

5　1、ミニトマト、ヨーグルト、水を加えて3分ほど煮る。Aで味をととのえ、火を止めて冷ます。

6　冷ました雑穀ごはんにチーズを立てかけ、5を盛る。

[POINT] ヨーグルトは、カスピ海ヨーグルトやギリシャヨーグルトがおすすめ。酸味が少ないので、料理に使いやすいです。

TOTAL
(1食分)

エネルギー: 429 kcal

タンパク質: 28.0 g

脂質: 7.3 g

炭水化物: 62.0 g

塩分: 2.4 g

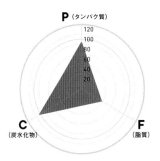

P (タンバク質)
120
100
80
60
40
20

C (炭水化物)　　F (脂質)

和風カレー弁当

さば缶、切り干し大根、豆腐を組み合わせた、クセになるおいしさ。
タンパク質のほか、不足しがちなカルシウムもたっぷり補給できます。

CHECK

[温め時間]
電子レンジ600W

7分

RECIPE.01

ドライカレーのような汁けのない仕上がり

さば缶と切り干し大根の和風カレー

a さば水煮缶
汁にも栄養がたっぷり。
無駄なく使って。

b 切り干し大根
生の大根よりも栄養を
摂取しやすい。

材料 (4食分)

さば水煮缶[a] … 2缶(400g)
絹ごし豆腐 … 300g
切り干し大根[b] … 20g
玉ねぎ … ½個
にんにく … 1片
しょうが … 1片
A カレー粉 … 大さじ3
　 トマトケチャップ
　 　 … 大さじ3
　 しょうゆ … 小さじ2
　 塩 … 小さじ1
　 こしょう … 少々
ごま油 … 小さじ1
玄米ごはん … 600g
万能ねぎ(小口切り) … 適量

作り方

1 豆腐は重しをして10分ほどおき、水けをしっかりきる。

2 切り干し大根は水に浸して戻し、よく洗い、ざく切りにして水けを絞る。

3 玉ねぎ、にんにく、しょうがはみじん切りにする。

4 フライパンにごま油、3を中火で熱し、香りが出てきたら汁ごとのさば、1、2を加え、崩しながら混ぜ合わせる。Aで味をととのえ、火を止めて冷ます。

5 冷ました玄米ごはんに4を盛り、万能ねぎを散らす。

⊢ TOTAL ⊣
(1食分)

エネルギー : 525 kcal

タンパク質 23.8 g

脂質 17.7 g

炭水化物 66.9 g

塩分 3.3 g

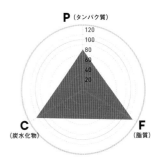

P (タンパク質)
120
100
80
60
40
20

C
(炭水化物)

F
(脂質)

親へ　　ダイエット

押し麦粥弁当

具材も煮汁もたっぷりな、食べ応えのある
お粥のお弁当。ほっとする味わいで、
ちょっと遅めの夕食にもぴったりです。

\ CHECK /

[温め時間]
電子レンジ600W

9分

RECIPE.01

すずきやたいなど、お好みの白身魚で作っても

白身魚の押し麦粥

a 押し麦
血糖値の急上昇抑制、
便秘解消などに効果的。

材料 (4食分)

押し麦ª … 180g
白身魚（たら／切り身）
　… 4切れ（400g）
塩 … 小さじ⅓
長ねぎ … 1本
にんじん … 50g
小松菜 … 100g
しいたけ … 100g
卵 … 2個
だし汁 … 1ℓ
A 塩 … 小さじ1
　 しょうゆ … 小さじ2

作り方

1 押し麦は洗う。

2 白身魚はひと口大に切り、塩をふって10分おき、水けをペーパータオルで拭き取る。

3 長ねぎは1cm幅の小口切りに、にんじんは細切りにし、小松菜は2cm幅に切る。しいたけは軸を切り落とし、薄切りにする。

4 鍋に1、だし汁を入れ、蓋をして強火にかけ、煮立ったら弱火にして8分ほど煮る。

5 2、3を加えてさらに4分ほど煮る。Aで味をととのえ、卵を溶いて回し入れ、火を止める。

TOTAL
（1食分）

エネルギー：297 kcal

タンパク質：26.0 g

脂質：3.5g

炭水化物：41.5 g

塩分：3.0 g

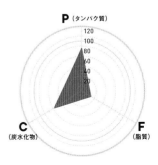

P（タンパク質）

C（炭水化物）　F（脂質）

ミールプレップのある暮らし_03

お留守番の子どもやパパへ

共働きがごく一般的になり、ママの残業や会食がある日は
パパと子どもがお留守番、ということも多いのでは。
そんなときこそ、電子レンジで温めるだけのミールプレップを。

こってりとした味つけの洋風のお弁当など、
食べ応えのあるものがおすすめ

「今日はパパが夕食当番」という声も、普通に聞かれるようになった今日この頃。とはいえ必死に仕事を終わらせて早く帰ってくるパパにとって、食事作りはハードかもしれません。そのため、外食やコンビニ弁当、惣菜に頼りきりになることも…。そんな日が多いと、ママにとって気が気ではないはず。小さい子どもがいればなおさら、きちんとした食事をさせたいですよね。

ミールプレップは、栄養バランスが整った理想的な食事です。お留守番をしてくれるパパや子どものために、まとめて作って冷凍しておきましょう。子どももパパも満足してくれるような、ボリューム満点でこってり味の洋風メニューをセレクトするのがいいと思います。小さい子どもが食べるなら、パパの分から取り分けてもいいですね。

冷凍室に数種類ストックしておけば、選ぶ楽しみもあり、電子レンジで加熱するだけで簡単に食べられるミールプレップ。外食や惣菜よりも経済的で、何よりおいしく、できたてホカホカの食事を味わってもらえます。もちろん、ママに限らず、休日にパパがまとめて作るのもおすすめです。

子どもやパパにおすすめ！ミールプレップ

チキングリルやハンバーグなど、がっつり食べるのにぴったりな肉のおかずを。
ワンディッシュのリゾットやガパオも食べ応え十分。
和風よりも洋風のほうが、喜んで食べてもらいやすい。

▶ こってりして食べ応えのある洋風味

ガパオ弁当(→P82)

チキングリル弁当
(→P22)

ハーブのきいた
ソースが◎

たまには
エスニックも！

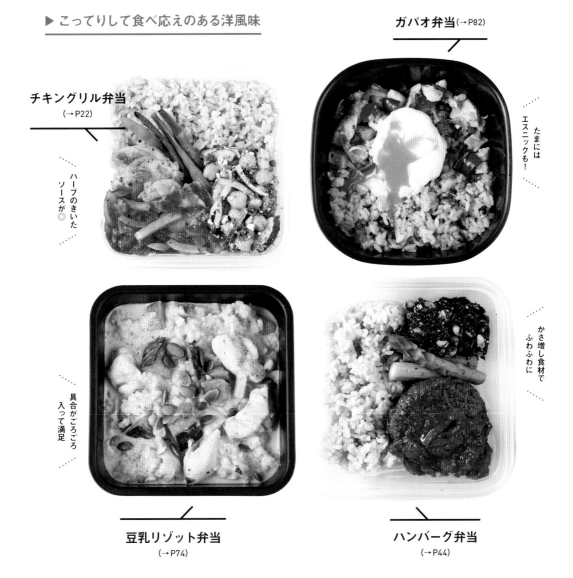

具合がごろごろ
入って満足

かさ増し食材で
ふわふわに

豆乳リゾット弁当
(→P74)

ハンバーグ弁当
(→P44)

知っておきたい！

PFC バランスのこと

C
（炭水化物）

1gが、体内で4kcalの
エネルギーに変わる。
本書では240kcal、総
エネルギー摂取量に対
して約50%が目標。

P
（タンパク質）

1gが、体内で4kcalの
エネルギーに変わる。
本書では120kcal、総
エネルギー摂取量に対
して約25%が目標。

F
（脂質）

1gが、体内で9kcalの
エネルギーに変わる。
本書では135kcal、総
エネルギー摂取量に対
して約25%が目標。

健康と美容のために
大切な栄養バランス

PFCバランスとは、三大栄養素、すなわちエネルギー源になる3つの栄養素である、タンパク質（Protein）、脂質（Fat）、炭水化物（Carbohydrate）のエネルギー比率のこと。このバランスを整えることで、脂質や炭水化物のとりすぎなど栄養の偏りを防ぎ、健康と美容を保つこともできます。本書では、すべてのお弁当にPFCバランスのグラフを表示。栄養素の不足が気になる場合は、それを補う食材を加えてバランスをとってください。

PART **5**

しっかりやせたいときに！

糖質低めの
ミールプレップ

LOW-CARBS MEAL PREP

糖質を控えめにするとその分エネルギーが減ってしまうので、
脂質が多めの食材を使って補う必要があります。
おかずの組み合わせが考えられたお弁当で、健康的にやせましょう。

筋トレ ダイエット

鶏もも肉のガイヤーン弁当

ガイヤーンは、タイの焼き鳥のこと。
こってりした料理も、低糖質なお弁当ならOK！
そのかわりに、副菜2品はシンプルな味つけにします。

CHECK

[温め時間]
電子レンジ600W
6分

RECIPE.01

鶏肉は皮つきのものを使って、脂質を多めに

鶏もも肉のガイヤーン

エネルギー：**365**kcal　タンパク質：**26.6**g　脂質：**21.5**g　炭水化物：**12.3**g　塩分：**2.3**g（1食分）

材料（4食分）

鶏もも肉 … 2枚（600g）
塩・こしょう … 各少々
A コチュジャン … 大さじ1
　ナンプラー … 大さじ1
　オイスターソース … 大さじ1
　みりん … 大さじ1
玉ねぎ … 1個
にんじん … 150g

作り方

1　鶏肉はひと口大に切り、塩、こしょうをふってAをもみ込み、10分ほどおく。

2　玉ねぎは1cm厚さの輪切りに、にんじんは5mm厚さの斜め切りにする。

3　オーブンシートを敷いた天板に1、2を並べ、230℃に熱したオーブンで10分ほど焼く。

a　桜えび
　カルシウムの含有量がダントツの食材。

RECIPE.02

コリコリとした歯応えで、香菜の風味も◎

カリフラワーとツナのサラダ

エネルギー：**70**kcal　タンパク質：**5.5**g　脂質：**3.9**g　炭水化物：**4.5**g　塩分：**1.2**g（1食分）

材料（4食分）

カリフラワー … 300g
ツナオイル漬け缶 … 1缶（70g）
香菜 … 30g
A 酢 … 小さじ2
　塩 … 小さじ⅔
　こしょう … 少々

作り方

1　カリフラワーは小房に分けて1cm厚さに、香菜は2cm幅に切る。

2　1、オイルごとのツナを合わせ、Aであえる。

［ POINT ］食べる際に温めることで、ホットサラダになります。冷凍する前に食べるなら生食してOKです。

RECIPE.03

桜えびで、旨みも食感もぐっとアップ！

ほうれん草の桜えびあえ

エネルギー：**29**kcal　タンパク質：**2.6**g　脂質：**1.4**g　炭水化物：**2.5**g　塩分：**0.3**g（1食分）

材料（4食分）

ほうれん草 … 300g
桜えび（乾燥）… 5g
A しょうゆ … 小さじ1
　ごま油 … 小さじ1

作り方

1　ほうれん草は1分ほど塩ゆで（湯1ℓに塩大さじ1）し、冷水にとって冷まし、水けを絞って3cm幅に切る。

2　1、桜えびを合わせ、Aであえる。

┣ TOTAL ┫

エネルギー：**464** kcal

タンパク質：**34.7** g

脂質：**26.8** g

炭水化物：**19.3** g

塩分：**3.8** g

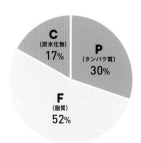

C（炭水化物）17%
P（タンパク質）30%
F（脂質）52%

※PFCのエネルギー比率を合計しても100にならないことがあります。

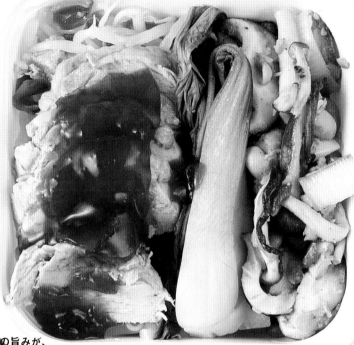

ダイエット

煮豚風弁当

じっくり煮詰めたような煮豚風の旨みが、
ごはん代わりのもやしと
仕切りのチンゲン菜にもしみて、おいしく
モリモリ食べられるお弁当です。

\ CHECK /

[温め時間]
電子レンジ600W
6分

RECIPE.01

粉寒天でうまくとろみがつき、味が絡みやすい

煮豚風 塩ゆでチンゲン菜添え

エネルギー：**343**kcal　タンパク質：**22.2**g　脂質：**24.1**g　炭水化物：**5.1**g　塩分：**1.2**g（1食分）

材 料（4食分）

豚肩ロースブロック肉
（タコ糸で巻く）… 500g
長ねぎ（青い部分）… 1本分
しょうが（薄切り）… 2片分
A しょうゆ … 大さじ1½
　みりん … 大さじ1½
　シナモンパウダー^a
　　… 5ふり
粉寒天^b … 小さじ⅔
チンゲン菜 … 2株

作り方

1 豚肉、長ねぎ、しょうがを鍋に入れ、かぶるくらいの水を加えて強火にかけ、煮立ったら中火にして1時間ほど煮る。豚肉は食べやすく切り、ゆで汁は150mℓとっておく。

2 鍋にA、1のゆで汁、粉寒天を入れ、混ぜながら中火で2分ほど温める。

3 2を冷まして固まったら4等分し、1の豚肉にかける。

4 チンゲン菜は縦4等分に切り、1分ほど塩ゆで（湯1ℓに塩大さじ1）し、水けを絞る。

a シナモンパウダー
スパイスの香りは満足度アップに効果的。

b 粉寒天
食物繊維が豊富だから、満腹感を得やすい。

c 大豆
ゆでる必要のない水煮缶は手軽に使えて便利。

RECIPE.02

ビタミンDが豊富なきのこは骨の強化に役立つ

きのことねぎ、大豆の炒め物

エネルギー：**75**kcal　タンパク質：**5.5**g　脂質：**4.0**g　炭水化物：**7.5**g　塩分：**0.9**g（1食分）

材 料（4食分）

大豆^c（水煮）… 100g
しめじ … 150g
しいたけ … 100g
長ねぎ（白い部分）… 1本分
A 塩 … 小さじ⅓
　こしょう … 少々
　しょうゆ … 小さじ1
ごま油 … 小さじ2

作り方

1 しめじはほぐす。しいたけは軸を切り落とし、薄切りにする。長ねぎは1cm幅に切る。大豆は汁けをきってポリ袋に入れ、すりこ木などで粗めにつぶす。

2 フライパンにごま油を強火で熱し、1を炒め合わせ、Aで味をととのえる。

⊢ **TOTAL** ⊢

エネルギー：**436** kcal

タンパク質：**29.7** g

脂質：**28.2** g

炭水化物：**15.8** g

塩分：**3.8** g

RECIPE.03

糖質ほぼゼロでビタミンCが豊富なもやしをたっぷりと

もやしザーサイ

エネルギー：**18**kcal　タンパク質：**2.0**g　脂質：**0.1**g　炭水化物：**3.2**g　塩分：**1.7**g（1食分）

材 料（4食分）

もやし … 400g
味つきザーサイ … 50g
酢 … 小さじ2

作り方

1 もやしはできればひげ根を取り除き、熱湯で1分ほどゆで、ザルに上げて粗熱を取り、水けを絞る。

2 ザーサイは粗く刻む。

3 1、2を合わせ、酢であえる。

C（炭水化物）15%
P（タンパク質）27%
F（脂質）58%

クリームチーズミートボール弁当

つなぎにおからを、仕上げにクリームチーズを使ったミートボールは低糖質で、
濃厚な味つけもOK！ ごはんの代わりに野菜をいっぱい詰めましょう。

✦ CHECK ✦
[温め時間]
電子レンジ600W
6分30秒

RECIPE.01

余分な肉汁は拭き取り、汁けを抑えるのがポイント

クリームチーズミートボール

エネルギー：**328**kcal　タンパク質：**27.7**g　脂質：**19.7**g　炭水化物：**8.3**g　塩分：**1.8**g（1食分）

材料（4食分）

A 合いびき肉 … 400g
| 玉ねぎ … ½個
| おからパウダー^a … 大さじ2
| 塩 … 小さじ½
| こしょう … 少々
ブロッコリー … 200g
マッシュルーム … 100g
B 白ワイン … 大さじ2
| クリームチーズ^b … 100g
| 塩 … 小さじ½
| こしょう … 少々
オリーブ油 … 大さじ1

作り方

1 玉ねぎはみじん切りにする。ブロッコリーは小房に分ける。マッシュルームは軸を切り落とす。

2 Aを練り合わせ、ひと口大に丸める。

3 フライパンにオリーブ油を中火で熱し、2を焼く。少しずつ転がして全体を焼きつけ、余分な脂をペーパータオルで拭き取る。

4 ブロッコリー、マッシュルームを入れてさっと炒め、Bを加えて蓋をし、3分ほど蒸し焼きにする。

a おからパウダー
大豆と同じく、豊富にタンパク質を含む。

b クリームチーズ
クリーミーなコクで、満足感がアップ。

RECIPE.02

レモンをきかせてさっぱりと仕上げる

オイルサーディンキャベツ

エネルギー：**119**kcal　タンパク質：**6.5**g　脂質：**8.3**g　炭水化物：**5.6**g　塩分：**0.8**g（1食分）

材料（4食分）

キャベツ … 300g
オイルサーディン … 1缶（105g）
レモン … ½個
A 塩 … 小さじ¼
| こしょう … 少々
| しょうゆ … 小さじ1

作り方

1 キャベツは3cm四方に切り、1分30秒ほど塩ゆで（湯1ℓに塩大さじ1）し、ザルに上げて粗熱を取り、水けを絞る。

2 レモンは皮をむいていちょう切りにする。

3 軽く汁けをきったサーディン、1、2を合わせ、サーディンをほぐしながらAであえる。

TOTAL

エネルギー：**501** kcal
タンパク質：**35.4** g
脂質：**31.1** g
炭水化物：**20.1** g
塩分：**3.6** g

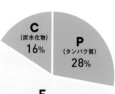

C（炭水化物）16%　P（タンパク質）28%　F（脂質）56%

RECIPE.03

食べる際に温めることで、トマト煮のように！

なすトマト炒め

エネルギー：**54**kcal　タンパク質：**1.2**g　脂質：**3.1**g　炭水化物：**6.2**g　塩分：**1.0**g（1食分）

材料（4食分）

なす … 4本
トマト（大） … 1個
にんにく … 1片
塩 … 小さじ⅔
こしょう … 少々
オリーブ油 … 大さじ1

作り方

1 なすは1cm厚さの輪切りにする。トマトは1cm角に切る。にんにくはみじん切りにする。

2 フライパンにオリーブ油を中火で熱し、にんにくを香りが出るまで炒め、なすを入れてこんがりと焼く。トマトを加えて炒め合わせ、塩、こしょうで味をととのえる。

LOW-CARBS MEAL PREP.04

筋トレ　ダイエット

サーモンと豆腐の
グラタン風弁当

豆腐とおからパウダーで作る
低糖質・低脂質なホワイトソースを
具材に絡めて。チーズものせた状態で
保存するのがポイントです。

CHECK

[温め時間]
電子レンジ600W
6分30秒

RECIPE.01

炒め合わせた具材に豆腐のクリームをかけて

サーモンと豆腐のグラタン風

エネルギー：**412**kcal　タンパク質：**30.4**g　脂質：**27.6**g　炭水化物：**8.0**g　塩分：**2.4**g（1食分）

a おからパウダー
豆腐のクリームに加え
て、濃厚な仕上がりに。

材料（4食分）

サーモン（切り身）
　… 4切れ（400g）
塩 … 小さじ⅓
こしょう … 少々
ほうれん草 … 200g
玉ねぎ … ½個
A 絹ごし豆腐 … 300g
　おからパウダー^a … 大さじ2
　コンソメスープの素（顆粒）
　　…小さじ1
　塩 … 小さじ⅔
　こしょう … 少々
バター … 20g
ピザ用チーズ … 60g

作り方

1　ほうれん草は1分ほど塩ゆで（湯1ℓに塩大さじ
　1）し、冷水にとって冷まし、水けを絞って2cm
　幅に切る。

2　玉ねぎは横半分に切り、薄切りにする。

3　サーモンはひと口大に切り、塩、こしょうをふる。

4　フライパンにバターを中火で熱し、2を炒め、
　しんなりしてきたら3を加えて表面に火を通す。
　1を加えて炒め合わせ、火を止めて冷ます。

5　豆腐は重しをして10分ほどおいて水けをしっ
　かりきり、残りのAを加えて混ぜ合わせ、4に
　かけてチーズをのせる。

[POINT] 容器に詰める前に、底におからパウダーを小さじ2
ずつふり入れて。冷凍後に温める際に出る水分を吸収して、さ
らになめらかなソースになります。

RECIPE.02

しらすとねぎのトッピングで彩りも◎

ひらひらにんじんのベジヌードル風

エネルギー：**51**kcal　タンパク質：**3.1**g　脂質：**0.4**g　炭水化物：**9.5**g　塩分：**1.2**g（1食分）

材料（4食分）

にんじん … 400g
塩 … 小さじ½
しらす … 40g
万能ねぎ（小口切り） … 10g

作り方

1　にんじんはピーラーで薄切りにし、塩をふって
　軽くもみ、水けを絞る。

2　1に、しらす、万能ねぎを散らす。

＋ **おからパウダー 小さじ2（1食分）**

エネルギー：**25**kcal　タンパク質：**1.4**g　脂質：**0.8**g　炭水化物：**3.1**g　塩分：**0.0**g（1食分）

—| TOTAL |—

エネルギー：**488**kcal

タンパク質：**34.9**g

脂質：**28.8**g

炭水化物：**20.6**g

塩分：**3.6**g

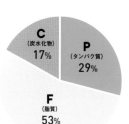

C（炭水化物）17%
P（タンパク質）29%
F（脂質）53%

※PFCのエネルギー比率を合計しても100にならないことがあります。

筋トレ ダイエット

さばポン野菜炒め弁当

生野菜よりもかさが減って食べやすい野菜炒めは、満腹感を得やすい！
味つけはポン酢で簡単です。ゆで大根は、みそダレをかけて保存を。

\ CHECK /

[温め時間]
電子レンジ600W

7分

RECIPE.01

必須脂肪酸の摂取に、さばはぜひ取り入れて

さばポン野菜炒め

エネルギー：**428**kcal　タンパク質：**36.9**g　脂質：**25.7**g　炭水化物：**10.5**g　塩分：**3.7**g（1食分）

材料（4食分）

塩さば（切り身）
　… 4切れ（520g）
キャベツ … 500g
玉ねぎ … ½個
しいたけ … 6〜8枚（100g）
塩 … 小さじ½
こしょう … 少々
ポン酢しょうゆ … 大さじ2
ごま油 … 小さじ½

作り方

1　キャベツは3cm四方に、玉ねぎは5mm厚さに、しいたけは石づきを切り落として半分に切る。

2　さばは2cm厚さのそぎ切りにする。

3　フライパンにごま油を中火で熱し、2の全体をこんがりと焼き、いったん取り出す。

4　同じフライパンで玉ねぎを炒め、しんなりしたら、しいたけ、キャベツの順に加えてさっと炒め合わせ、塩、こしょうをふる。

5　3を戻し入れ、ポン酢を回しかける。

RECIPE.02

ハムに塩気があるから調味料なしでもおいしい

アスパラのハム巻き

エネルギー：**48**kcal　タンパク質：**4.3**g　脂質：**2.9**g　炭水化物：**1.7**g　塩分：**0.5**g（1食分）

材料（4食分）

グリーンアスパラガス
　… 6本
ロースハム … 4枚

作り方

1　アスパラは筋を取り除いて4等分に切る。1分ほど塩ゆで（湯1ℓに塩大さじ1）し、冷水にとって冷まし、水けをきる。

2　ハムは半分に切る。

3　1に2を巻き、残った1と交互に爪楊枝に刺す。

RECIPE.03

解凍時に汁けが出るので、仕切りをして詰めて

ゆで大根

エネルギー：**51**kcal　タンパク質：**2.0**g　脂質：**1.3**g　炭水化物：**7.8**g　塩分：**1.2**g（1食分）

材料（4食分）

大根 … 400g
だし汁 … 200mℓ
A みそ … 大さじ2
　みりん … 小さじ2
　酢 … 小さじ½
　白すりごま … 大さじ½

作り方

1　大根は1.5cm厚さのいちょう切りにする。

2　鍋に1、だし汁を入れて蓋をし、中火で10分ほど煮る。

3　火を止めて粗熱を取り、汁けをきる。

4　Aを混ぜ合わせ、3にかける。

┣━━ TOTAL ━━┫

エネルギー：**527** kcal

タンパク質：**43.2** g

脂質：**29.9** g

炭水化物：**20.0** g

塩分：**5.4** g

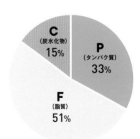

C（炭水化物）15%
P（タンパク質）33%
F（脂質）51%

※PFCのエネルギー比率を合計しても100にならないことがあります。

いわしのバジルソテー弁当

好相性ないわしとバジルソースは、オーブンで焼くだけで洋風のおかずに。
副菜もシンプルですが満足感あり。温めたマリネから出てきた汁もおいしいです。

CHECK

[温め時間]
電子レンジ600W

6分

RECIPE.01

濃厚なバジルソースを塗ってこんがり焼いて

いわしのバジルソテー

エネルギー：**317**kcal　タンパク質：**27.7**g　脂質：**19.9**g　炭水化物：**4.6**g　塩分：**0.8**g（1食分）

材 料（4食分）

いわし（開き）… 8尾
塩 … 少々
バジルソース^a … 大さじ1
ベーコン … 4枚
かぶ … 4個

作り方

1 いわしは塩をふって10分おき、水けをペーパータオルで拭き取る。

2 かぶは茎を2cm残して切り落とし、半分に切る。ベーコンは長さを半分に切る。

3 1の内側にバジルソースを塗って半分に折り、ベーコンで巻いて爪楊枝を刺す。

4 オーブンシートを敷いた天板に**3**、かぶを並べ、230℃に熱したオーブンで10分ほど焼く。

a　バジルソース
バジルに、香味野菜や
調味料をブレンド。

b　モッツァレラチーズ
独特の食感を楽しめる、
クセのないチーズ。

RECIPE.02

パパッと作れるさわやかなサラダ

セロリチーズ

エネルギー：**77**kcal　タンパク質：**4.8**g　脂質：**5.0**g　炭水化物：**2.9**g　塩分：**0.8**g（1食分）

材 料（4食分）

セロリ … 2本
塩 … 小さじ½
モッツァレラチーズ^b … 100g
粗びき黒こしょう … 少々

作り方

1 セロリは茎を乱切りに、葉をざく切りにし、塩をふって軽くもみ、水けを絞る。

2 モッツァレラチーズはひと口大にちぎる。

3 1、2を合わせ、粗びき黒こしょうをふる。

┣ TOTAL ┫

エネルギー：**473** kcal

タンパク質：**36.3** g

脂質：**29.9** g

炭水化物：**17.9** g

塩分：**2.4** g

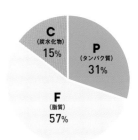

C（炭水化物）15%
P（タンパク質）31%
F（脂質）57%

RECIPE.03

こんがり炒めてあえるから、食べ応え◎

きのこマリネ

エネルギー：**79**kcal　タンパク質：**3.8**g　脂質：**5.0**g　炭水化物：**10.4**g　塩分：**0.8**g（1食分）

材 料（4食分）

しめじ … 150g
しいたけ … 150g
えのきだけ … 150g
ミニトマト … 180g
パセリ … 10g
A　塩 … 小さじ½
　　こしょう … 少々
　　白ワインビネガー … 大さじ1
オリーブ油 … 大さじ1½

作り方

1 しめじはほぐす。しいたけは軸を切り落とし、薄切りにする。えのきは3cm幅に切り、ほぐす。

2 パセリはみじん切りにする。

3 フライパンにオリーブ油を強火で熱し、**1**を炒める。しんなりしたら、ミニトマト、**2**、**A**を加えて炒め合わせる。

※PFCのエネルギー比率を合計しても100にならないことがあります。

ダイエット

油揚げの餃子風弁当

餃子の皮の代わりに油揚げを使えば、糖質を抑えてボリュームアップ！
豆苗は餃子風の下に敷いて油を吸わせると、湯通ししただけでもおいしいです。

┊ CHECK ┊
[温め時間]
電子レンジ600W
6分30秒

RECIPE.01

食べるときにしょうゆを少しかけてもOK

油揚げの餃子風 たっぷり豆苗添え

エネルギー：**383**kcal　タンパク質：**27.0**g　脂質：**28.3**g　炭水化物：**3.6**g　塩分：**0.2**g（1食分）

a 油揚げ
エネルギーが気になる
なら油抜きを。

材料（4食分）

油揚げ^a … 4枚
A 豚ひき肉 … 400g
　にら … 50g
　長ねぎ … ½本
　しょうが … 1片
　塩 … 小さじ½
　こしょう … 少々
ごま油 … 小さじ½
豆苗 … 2パック

作り方

1 にらは小口切りにする。長ねぎ、しょうがはみじん切りにする。

2 Aをよく練り合わせ、16等分する。

3 油揚げは1枚を十字に切って4等分し、内側を開いて2を詰める。

4 フライパンにごま油を中火で熱し、3を肉の面を下にして並べる。焼き色がついたら、少しずつ転がして全体をこんがりと焼く。

5 豆苗は3cm幅に切ってザルにのせ、多めの熱湯を回しかけ、粗熱を取り、水けを絞る。

RECIPE.02

豆もやしは美肌づくりやダイエットに効果的

もやしちくわ

エネルギー：**52**kcal　タンパク質：**4.8**g　脂質：**1.3**g　炭水化物：**5.6**g　塩分：**1.2**g（1食分）

材料（4食分）

豆もやし … 200g
ちくわ … 90g
ピーマン … 100g
A 酢 … 大さじ1
　塩 … 小さじ½
　こしょう … 少々

作り方

1 もやしはできればひげ根を取り除く。ピーマンは細切りにする。

2 1を1分ほど塩ゆで（湯1ℓに塩大さじ1）し、ザルに上げて粗熱を取り、水けを絞る。

3 ちくわは5mm幅の輪切りにして2と合わせ、Aであえる。

┣ TOTAL ┫

エネルギー：**435** kcal
タンパク質：**31.8** g
脂質：**29.6** g
炭水化物：**9.2** g
塩分：**1.4** g

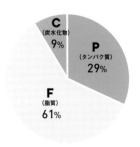

C（炭水化物）9%　P（タンパク質）29%　F（脂質）61%

※PFCのエネルギー比率を合計しても100にならないことがあります。

　筋トレ　ダイエット

高野豆腐の豚肉巻き弁当

だし入りの卵液に浸したジューシーな高野豆腐を豚肉で巻き、
甘辛く仕上げて食べ応え満点に！ サラダは食物繊維たっぷりです。

┌ CHECK ┐
[温め時間]
電子レンジ600W
7分

RECIPE.01

キャベツは肉巻きの下に敷き、肉汁を吸わせれば味つけ不要

高野豆腐の豚肉巻き
たっぷりキャベツ添え

エネルギー：**356**kcal　タンパク質：**29.9**g　脂質：**18.6**g　炭水化物：**13.8**g　塩分：**3.2**g（1食分）

材料（4食分）

高野豆腐[a] … 6個
卵 … 1個
だし汁 … 100mℓ
豚ロース薄切り肉
（脂肪を取り除く）
　　… 12枚（240g）
塩 … 小さじ½
こしょう … 少々
A しょうゆ … 大さじ3
| みりん … 大さじ3
ごま油 … 小さじ1
キャベツ … 400g

作り方

1 高野豆腐は水に浸して戻し、よく絞り洗いをして、水けを絞り、縦半分に切る。

2 卵を割りほぐし、だし汁を加えて混ぜ合わせ、1を浸す。

3 豚肉は塩、こしょうをふり、2をのせてくるくると巻く。

4 フライパンにごま油を中火で熱し、3を巻き終わりを下にして並べる。焼き色がついたら、少しずつ転がして全体を焼き、Aを混ぜ合わせて加えて絡める。

5 キャベツはせん切りにする。

a 高野豆腐
食べ応えがあり肉料理のかさ増しにおすすめ。

b 芽ひじき
カルシウムや食物繊維が豊富に含まれる。

c ミックスビーンズ
さまざまな豆の栄養をまとめて摂取できる。

RECIPE.02

コクがありながらも、レモンでさっぱり

れんこんとひじき、
ミックスビーンズのサラダ

エネルギー：**94**kcal　タンパク質：**3.5**g　脂質：**4.0**g　炭水化物：**12.6**g　塩分：**0.9**g（1食分）

材料（4食分）

れんこん … 100g
芽ひじき[b]（乾燥） … 10g
ミックスビーンズ[c]（水煮）
　　…100g
A 白すりごま … 大さじ1
| マヨネーズ … 大さじ1
| 塩 … 小さじ½
| こしょう … 少々
| レモンの搾り汁 … 小さじ2

作り方

1 芽ひじきは水に浸して戻し、よく洗って水けを絞る。

2 れんこんはいちょう切りにする。

3 1、2を、酢を加えた熱湯（湯1ℓに酢大さじ1）で1分ほどゆで、水けをきり、冷ます。

4 Aを混ぜ合わせ、3、ミックスビーンズをあえる。

⊢ TOTAL ⊦

エネルギー：**450** kcal

タンパク質：**33.4** g

脂質：**22.6** g

炭水化物：**26.4** g

塩分：**4.1** g

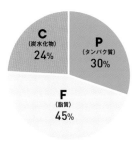

C（炭水化物）24%
P（タンパク質）30%
F（脂質）45%

※PFCのエネルギー比率を合計しても100にならないことがあります。

キッシュ風弁当

スモークサーモン、モッツァレラチーズ、
ズッキーニ入りのキッシュ風は、濃厚なのに低糖質！
野菜を使った副菜は、味わいに変化をつけましょう。

| CHECK |
[温め時間]
電子レンジ600W
6分30秒

RECIPE.01

卵とスモークサーモンをオーブンでこんがり焼いて

キッシュ風

エネルギー：**254**kcal タンパク質：**13.9**g 脂質：**19.4**g 炭水化物：**4.5**g 塩分：**1.9**g（1食分）

材料（4食分）

スモークサーモン … 80g
モッツァレラチーズ[a] … 50g
ズッキーニ … 100g
塩 … 小さじ¼
A 卵 … 3個
　生クリーム … 100mℓ
　おからパウダー[b] … 大さじ2
　粉チーズ … 大さじ2
　塩 … 小さじ½
　こしょう … 少々

作り方

1 ズッキーニは1cm角に切り、塩をふって軽くもみ、水けを絞る。

2 スモークサーモン、モッツァレラチーズはひと口大にちぎる。

3 Aをよく混ぜ合わせ、1、2を加えて混ぜる。

4 オーブンシートを敷いた耐熱皿に3を流し入れ、230℃に熱したオーブンで20分ほど焼く。

5 粗熱が取れたら4等分に切る。

[POINT] 耐熱皿は、約20×15×5cmのものを使用しています。バットや流し缶でもOKです。

RECIPE.02

ビタミンCをたっぷり摂取できる

カリフラワーのカレーサラダ

エネルギー：**76**kcal タンパク質：**4.4**g 脂質：**2.4**g 炭水化物：**10.3**g 塩分：**0.8**g（1食分）

材料（4食分）

カリフラワー … 300g
キドニービーンズ[c]（水煮）… 100g
A カレー粉 … 小さじ½
　オリーブ油 … 小さじ2
　白ワインビネガー … 小さじ2
　塩 … 小さじ½
　こしょう … 少々

作り方

1 カリフラワーは小房に分けて1cm厚さに切る。

2 Aを混ぜ合わせ、1、汁けをきったキドニービーンズをあえる。

[POINT] 食べる際に温めることで、ホットサラダになります。冷凍する前に食べるなら生食でもOKです。

RECIPE.03

濃厚なアンチョビの味わいでやみつきに

アンチョビパプリカ

エネルギー：**57**kcal タンパク質：**2.3**g 脂質：**1.6**g 炭水化物：**10.0**g 塩分：**0.5**g（1食分）

材料（4食分）

赤パプリカ … 2個
黄パプリカ … 1個
アンチョビ … 5切れ（15g）
しょうゆ … 少々
オリーブ油 … 小さじ1

作り方

1 パプリカは1cm幅に切る。アンチョビはみじん切りにする。

2 フライパンにオリーブ油を中火で熱し、1をさっと炒め、しょうゆをふり入れる。

a モッツァレラチーズ
弾力があって食べ応え◎。味わいはあっさり。

b おからパウダー
ビタミンB群、カルシウムなども豊富。

c キドニービーンズ
きれいな深紅色で、彩りとしても大活躍。

⊢ TOTAL ⊣

エネルギー：**387** kcal

タンパク質：**20.6** g

脂質：**23.4** g

炭水化物：**24.8** g

塩分：**3.2** g

C（炭水化物）25%
P（タンパク質）21%
F（脂質）54%

ダイエット中の理想食として

トレーニングだけでなくダイエットをしている人も、
食事をミールプレップにして理想的な体を手に入れましょう。
糖質オフ派、運動＋食事制限派によって異なるポイントを押さえて！

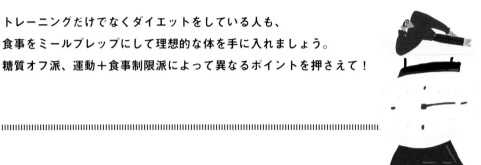

糖質オフなら脂質をしっかりめに、
運動＋食事制限なら高タンパク質で低脂質・低エネルギーに

ダイエットに励む人にこそ、ミールプレップをおすすめします。最近の主流は「糖質オフダイエット」と「運動＋食事制限ダイエット」ですが、どちらも食事の管理が重要です。糖質オフだからといって、主食さえ抜けば何を食べてもOK！と思っている人や、炭水化物も脂質も抜くのがベスト！と思っている人がいたら、それは大間違い。炭水化物を抜いても高エネルギー・高脂質の食事や、超低エネルギーの食事では、思うようにやせられないだけでなく、健康に害を及ぼす可能性もあります。

糖質オフダイエットの食事はエネルギー量が落ちやすくなるので、脂質をしっかりめに取り入れて、主食の代わりに野菜をたっぷり食べることが大切です。メニューは、Part5の糖質低めのミールプレップの中から選びましょう。

運動＋食事制限ダイエットの場合は、運動をする分、しっかりとバランスよく食べる必要があります。なるべく高タンパク質・低脂質・低エネルギーの食事を心がけるように。Part2の鶏ささみ肉や、Part3の白身魚を使ったミールプレップがおすすめです。

糖質オフにおすすめ！ミールプレップ

糖質を抑えるなら、脂質をしっかりめに取り入れると腹持ちがいい。
ごはんが欲しくなったら葉野菜を食べて！

▶ 脂質がしっかりあって腹持ちがいい

**クリームチーズ
ミートボール
弁当**（→P100）

**サーモンと豆腐の
グラタン風弁当**
（→P102）

**高野豆腐の
豚肉巻き弁当**
（→P111）

クリーミーな
コクが◎

とろけたチーズで
満足

豚肉の旨み
を堪能！

運動＋食事制限におすすめ！ミールプレップ

筋トレして減量する場合とポイントは同じ。
エネルギーを抑えつつ、栄養バランスが崩れないように注意。

▶ 高タンパク質で低脂質・低エネルギー

**めかじきの
照り煮弁当**
（→P56）

ソースで
食べ応えアップ

ささみで
シンプルに

あんがしっかり
絡む！

野菜のささみ巻き弁当（→P28）

白身魚グリル弁当（→P68）

そこが知りたい！
ミールプレップ Q & A

Q 冷凍で霜が ついたりしたら、 味が劣化しませんか？

A 霜がつかないように注意！

霜がつくということは、中身が冷めない うちに蓋をして冷凍したか、冷凍室の頻 繁な開閉によって暖かい外気が当たって しまったのでは。こうした急激な温度変 化があると霜がついて水っぽくなり、劣 化にもつながるので注意しましょう。

Q 自然解凍しても おいしく 食べられますか？

A 必ず電子レンジ加熱して

冷凍したミールプレップをそのまま持ち 運び、食べる頃までに解凍されるように すればラクだし便利と思うかもしれませ んが、それではおいしくなくなってしま います。また、自然解凍すると水分が多 く出て、菌が繁殖する危険性もあります。

Q ミールプレップに おすすめの飲み物は ありますか？

A 基本的には水かお茶を

ダイエットや筋トレが目的の場合は特に、 飲み物にも注意を。基本的に水かお茶に して、コーヒーや紅茶は無糖を選びまし ょう。清涼飲料水や、砂糖とミルクたっ ぷりのコーヒーや紅茶は、カロリーや炭 水化物、脂質のとりすぎを招きます。

Q ミールプレップ 生活を長続きさせる 秘訣は何ですか？

A 手間なく作って種類豊富に

同じ味に飽きたり、作るのが面倒になっ たりしないようにすることです。4食分 のミールプレップを2〜3種類、週末に まとめて作りましょう。肉＋魚＋ワンデ ィッシュを一気に作ると手間が省け、バ リエーションが広がって食べ飽きません。

PART 6

筋トレ時や補食にぴったり！

ミニ
ミールプレップ

MINI MEAL PREP

ちょっとしたスープやサラダなども作っておくと、
お弁当に添えたり間食にできたりして便利です。
エネルギーは 200kcal 以内・タンパク質は 10g 前後が目安です。

MINI MEAL PREP.01　ダイエット

春雨ではなくしらたきを使って糖質オフ

しらたきヤムウンセン

冷凍
NG

a　しらたき
満足感を得やすいかみ
応え。食物繊維が豊富。

材 料 (4食分)

しらたき^a … 200g
紫玉ねぎ … ½個
香菜 … 30g
ゆでえび … 200g
塩昆布 … 10g
A 赤唐辛子(小口切り)
　　… ひとつまみ
　レモンの搾り汁
　　… 大さじ1
　ナンプラー
　　… 大さじ1 ½
　ごま油 … 小さじ1

作り方

1 しらたきはざく切りにし、熱湯で2分ほどゆ
　で、ザルに上げて冷ます。

2 紫玉ねぎは横半分に切り、薄切りにする。香
　菜は2cm幅に切る。

3 Aを混ぜ合わせ、1、2、えび、塩昆布をあえる。

MEMO ::

夜遅く帰ったときのおつまみに最適

しらたきを使ったヤムウンセンは低エネルギーだから、終電で帰っ
てきてから食べても太る心配ゼロ！ ハイボールなどのおつまみに
も最適です。えびがたっぷり入って高タンパク質なので、トレーニ
ング後の補食にもぴったり。

::

TOTAL (1食分)

エネルギー : 71 kcal

タンパク質 : 10.8 g

脂質 : 1.3 g

炭水化物 : 5.3 g

塩分 : 2.3 g

CHECK

[温め時間]
電子レンジ600W

3分

a 押し麦
大麦を加熱・圧扁・乾
燥させたもの。

MINI MEAL PREP.02 親へ ダイエット アスリート

サラダチキンは手作りすると無添加で安心！

チョップドサラダ

材料(4食分)

サラダチキン(市販)
　… 200g
押し麦a … 90g
セロリ … 1本
黄パプリカ … 1個
ミニトマト … 180g
A オリーブ油 … 大さじ1
　レモンの搾り汁
　　… 大さじ1
　塩 … 小さじ⅔
　こしょう … 少々

作り方

1 押し麦は洗って鍋に入れ、水200mlを加え、蓋をして中火で10分ほどゆでる。水けをきり、粗熱を取る。

2 サラダチキンはほぐす。セロリは茎を1cm角に、葉を1cm幅に切る。パプリカは1cm角に切る。ミニトマトは半分に切る。

3 Aを混ぜ合わせ、1、2をあえる。

[POINT] サラダチキンは以下の手順で作れます。サラダ用なので塩は少なめに、肉の重量の1%にします。
1.鶏むね肉(皮なし)1枚(300g)を室温に戻し、塩小さじ½をまぶす。
2.厚手の鍋にたっぷりの湯を沸かして火を止め、1を沈めて蓋をし、粗熱が取れるまでそのままおく。

MEMO

トレーニングの前後に食べるのがベスト

タンパク質と炭水化物は、トレーニングの前後に補食として取り入れると効果的。このサラダは1回分が少なめで持ち運びしやすく、食べきりサイズで重宝します。しかも野菜がたっぷり！ 冷蔵したものはそのままで、冷凍したものはレンジで温めて食べて。

TOTAL (1食分)

エネルギー : 184 kcal
タンパク質 : 13.3 g
脂質 : 3.9 g
炭水化物 : 25.6 g
塩分 : 1.6 g

MINI MEAL PREP.03 筋トレ ダイエット

たこのタウリンは血中コレステロール低下に◎

たこときゅうり、
大豆のキムチサラダ

冷凍
NG

a 大豆

大豆ペプチドは、エネ
ルギー消費量を高める。

材 料(4食分)

蒸したこ … 150g
きゅうり … 2本
塩 … 小さじ¼
大豆[a](水煮) … 100g
キムチ … 100g
塩昆布 … 10g
ごま油 … 小さじ1

作り方

1 たこはそぎ切りにする。

2 きゅうりは小さめの乱切りにし、塩をふって
  軽くもみ、水けを絞る。

3 大豆は汁けをきってポリ袋に入れ、すりこ木
  などで粗めにつぶす。

4 1、2、3、キムチ、塩昆布を合わせ、ごま油
  であえる。

MEMO :::

ビビンパなどのワンディッシュに添えて

低エネルギーで高タンパク質なキムチサラダは、夜遅くに食べるお
つまみとしてはもちろん、ビビンパなどワンディッシュタイプのミ
ールプレップに添えるのもおすすめです。また、もうちょっと食べ
たいなというときや、小腹が空いたときの補食にも適しています。

::

TOTAL
(1食分)

エネルギー：**103** kcal

タンパク質：**13.0** g

脂質：**3.1** g

炭水化物：**6.4** g

塩分：**1.6** g

MINI MEAL PREP.04 　筋トレ　　アスリート

良質なタンパク源なので、間食にもぴったり！

漬け卵

冷凍
NG

材料(8個分)

卵 … 8個
A しょうゆ … 大さじ4
  みりん … 大さじ4
  酢 … 大さじ1
  赤唐辛子 … 1本
  しょうが(薄切り)
    … 1片分
  昆布 … 3×2cm

作り方

1 卵は室温に戻し、熱湯で7分30秒ほどゆでる。
  冷水にとって冷まし、殻をむく。

2 ポリ袋に1、Aを入れ、空気を抜いて口を縛り、
  半日ほど漬ける。

  [POINT] かためのゆで卵が好みなら、10分ほどゆでてください。

MEMO ::

筋肉づくりや免疫力アップに卵を！

卵は、食物繊維とビタミンC以外のすべての栄養素を含む完全食品
です。そのうえアミノ酸スコアは100で、理想的なタンパク源と
いえます。筋肉づくりや免疫力アップ、疲労回復にも効果的なので、
食べやすい漬け卵なども活用して取り入れていきましょう。

::

┤ TOTAL ├
(1個分)

エネルギー：84 kcal

タンパク質：6.4 g

脂質：5.2 g

炭水化物：1.6 g

塩分：0.6 g

\ CHECK /

[温め時間]
電子レンジ600W
4分

MINI MEAL PREP.05 　筋トレ　　親へ　　ダイエット

豆腐を加えると、とろみがついておいしい

ほうれん草と豆腐のポタージュ

材 料（4食分）

ほうれん草 … 200g
絹ごし豆腐 … 300g
長ねぎ … ½本
だし汁 … 400㎖
A みそ … 小さじ1
　塩 … 小さじ1
　こしょう … 少々

作り方

1 ほうれん草は熱湯で1分ほどゆで、水けを絞り、ざく切りにする。

2 長ねぎは斜め薄切りにする。

3 鍋にだし汁、2を入れて煮立て、1、崩した豆腐を加え、中火で2分ほど煮る。

4 ミキサーにかけ、Aで味をととのえる。

MEMO ::

ヘルシーな和風スープ

だしで煮た長ねぎ、ほうれん草、豆腐をミキサーにかけ、ポタージュ風に仕上げます。味つけにみそを使っているから、和風のお弁当によく合います。また、時間がないときの朝食や夜食にするのもおすすめです。

┤ TOTAL ├
（1食分）

エネルギー：61 kcal

タンパク質：5.5 g

脂質：2.6 g

炭水化物：4.7 g

塩分：1.8 g

MINI MEAL PREP.06 | 筋トレ | 留守番 | アスリート

カレーの風味がきいたクリーミーなスープ

かぼちゃのカレー豆乳ポタージュ

材 料（4食分）

かぼちゃ … 300g
無調整豆乳 … 800mℓ
A 水 … 200mℓ
  コンソメスープの素
  （顆粒）
    … 小さじ1
B カレー粉 … 小さじ1
  塩 … 小さじ1
  こしょう … 少々

作り方

1 かぼちゃはひと口大に切る。

2 鍋に1、Aを入れ、蓋をして中火で10分ほど蒸し煮にする。

3 2、豆乳を合わせてミキサーにかけ、Bで味をととのえる。

MEMO

子どもも大人も大好きな味

かぼちゃの甘みと豆乳のマイルドな味わい、カレー粉の辛味と香りがおいしいポタージュは、年齢を問わずおいしく食べられます。洋風のお弁当にプラスしても、補食として食べてもOK。大きいかぼちゃが手に入ったら、まとめて作っておくと便利です。

TOTAL
（1食分）

エネルギー：165 kcal

タンパク質：8.8 g

脂質：4.3 g

炭水化物：22.4 g

塩分：1.9 g

MINI MEAL PREP.07 筋トレ 親へ アスリート

^ご呉はつぶした大豆のこと。タンパク質がたっぷり！

呉汁

a 大豆

鉄と銅を含むことから、
貧血対策にも有効。

<u>材 料 (4食分)</u>

大豆^a(水煮) … 200g
ごぼう … 100g
れんこん … 100g
しいたけ … 50g
長ねぎ … ½本
だし汁 … 800㎖
みそ … 大さじ3

<u>作り方</u>

1 大豆は汁けをきってポリ袋に入れ、すりこ木
   などで粗めにつぶす。

2 ごぼうは斜め薄切りに、れんこんは5㎜幅の
   いちょう切りにする。しいたけは軸を切り落と
   して薄切りにする。長ねぎは1㎝幅に切る。

3 鍋でだし汁を煮立て、1、2を加え、中火で5
   分ほど煮る。

4 みそを溶き入れる。

MEMO ::

大豆と根菜で栄養も食べ応えもばっちり

呉汁は、大豆の甘みがしっかり感じられる根菜ときのこのみそ汁。
タンパク質と食物繊維がとれるうえ、根菜のかみ応えがあって満足
感を得られます。和風のお弁当にはもちろん、朝食、夜食、補食に
もぴったりです。

TOTAL
(1食分)

エネルギー：139 kcal

タンパク質：10.2 g

脂質：4.3 g

炭水化物：16.9 g

塩分：2.2 g

MINI MEAL PREP.08 　筋トレ　親へ

缶詰とジュースを使ってさっと作れる！

さば缶トマトスープ

a　**さば水煮缶**
汁ごと使って、旨みも
栄養もしっかり補給。

b　**トマトジュース**
加熱に強く抗酸化作用
のあるリコピンが豊富。

材　料（4食分）

さば水煮缶[a]
　… 2缶（400g）
しめじ … 150g
玉ねぎ … ½個
トマトジュース[b]（無塩）
　… 600mℓ
塩 … 小さじ1
こしょう … 少々

作り方

1　しめじはほぐす。玉ねぎは横半分に切り、1
cm幅に切る。

2　鍋に汁ごとのさば、1、トマトジュースを入
れて蓋をし、中火で5分ほど煮る。

3　塩、こしょうで味をととのえる。

MEMO ::

簡単に作れる栄養満点のスープ

さば缶のタンパク質と、トマトジュースのビタミンが手軽にとれる
スープです。作り方がシンプルなので、気軽に作れるのもうれしい
ところ。多めに冷凍しておけば、補食としてはもちろん、朝食やラ
ンチにも使えて重宝します。

::

├─ TOTAL ─┤
（1食分）

エネルギー：**206** kcal

タンパク質：**16.4** g

脂質：**12.7** g

炭水化物：**9.6** g

塩分：**2.5** g

\ CHECK /

[温め時間]
電子レンジ600W
30秒
※1切れ

a おからパウダー
つなぎだけでなく、主
材料としても活躍。

b ココナッツオイル
中性脂肪になりにくい
中鎖脂肪酸を含有。

MINI MEAL PREP.09 筋トレ ダイエット アスリート

はちみつの甘みがやさしい素朴なおいしさ

おからパウダー蒸しパン

材料

（約15×15×5cmの
保存容器1個分）

おからパウダー[a]
　… 大さじ6
卵 … 1個
低脂肪牛乳
（または無調整豆乳）
　… 90mℓ
はちみつ … 大さじ2
ココナッツオイル[b]
（またはオリーブ油）
　… 大さじ1
ベーキングパウダー
　… 小さじ1

作り方

1 電子レンジ対応の保存容器にすべての材料を
入れ、よく混ぜ合わせる。

2 容器の蓋を軽くのせ、電子レンジで5分加熱
する。

3 蓋を取って粗熱を取り、容器から取り出して
8等分に切る。

MEMO

専用の型がいらないから手軽

電子レンジ対応の保存容器を型として使うので、手軽に作れます。
材料を保存容器に入れて混ぜ、蓋をのせて電子レンジで加熱するだ
け！ 粗熱が取れたら切り分けて、それぞれラップで包んで冷凍or
冷蔵保存を。冷凍したものは、自然解凍して食べてもOKです。

TOTAL
（1切れ分）

エネルギー：73 kcal

タンパク質：2.8 g

脂質：3.2 g

炭水化物：8.5 g

塩分：0.1 g

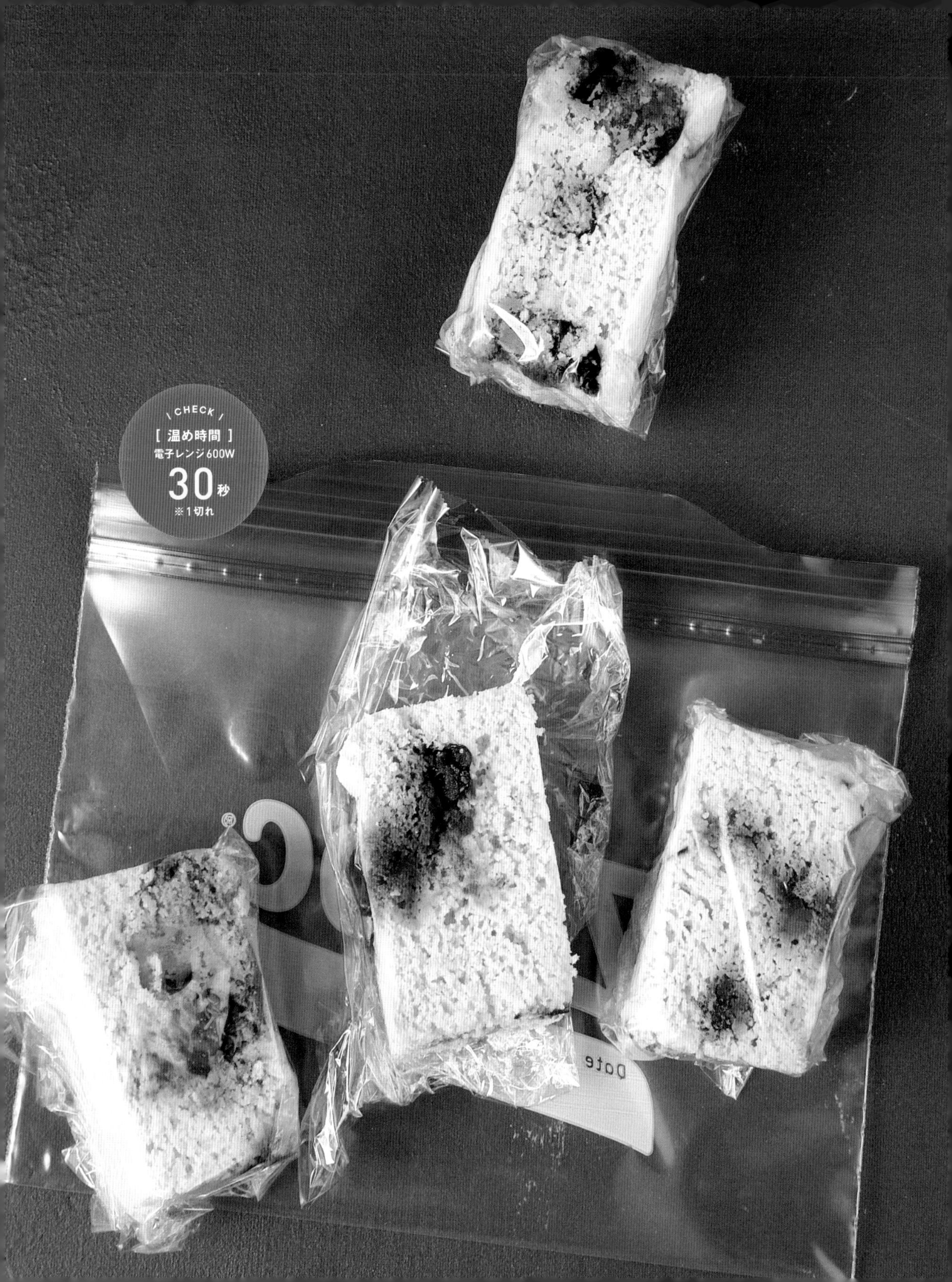

CHECK

[温め時間]

電子レンジ600W

30秒

※1切れ

MINI MEAL PREP.10　　筋トレ　　ダイエット　　アスリート

ブルーベリー入りで見た目にもきれい

おからパウダーチーズケーキ

材料

（約15×15×5cmの
保存容器1個分）

おからパウダー[a]
　… 大さじ6
卵 … 1個
プレーンヨーグルト[b]
　… 100g
ブルーベリー（冷凍）… 50g
はちみつ … 大さじ2
ココナッツオイル[c]
（またはオリーブ油）
　… 大さじ1
粉チーズ … 大さじ1
レモンの搾り汁 … 大さじ1
ベーキングパウダー
　… 小さじ1

作り方

1　電子レンジ対応の保存容器にすべての材料を
　入れ、よく混ぜ合わせる。

2　容器の蓋を軽くのせ、電子レンジで5分加熱
　する。

3　蓋を取って粗熱を取り、容器から取り出して
　8等分に切る。

a　おからパウダー
常温で長期保存ができ
るので便利。

b　プレーンヨーグルト
筋肉づくりに欠かせな
い動物性タンパク質。

c　ココナッツオイル
基礎代謝を上げ、肌の
ハリ・ツヤをキープ。

MEMO

おからパウダーで作るお菓子は罪悪感なし！

小麦粉ではなくおからパウダーを使ったお菓子は、食物繊維が多く
低糖質で、健康や美容にいいことずくめです。ヨーグルトに粉チー
ズ、ブルーベリーも加えて、甘酸っぱいチーズケーキ風に。冷凍保
存したら、自然解凍してもOK。トレーニングの補食にも最適です。

TOTAL（1切れ分）

エネルギー：83 kcal

タンパク質：3.2 g

脂質：3.7 g

炭水化物：9.5 g

塩分：0.2 g

ミールプレップのある暮らし_05

アスリートの試合前の食事に

アスリートにとって試合前の食事は本当に大切だから、
栄養管理ができるミールプレップを活用しましょう。
食べるタイミングを押さえて、最高のパフォーマンスを発揮して。

すぐにエネルギーになりやすいワンディッシュがおすすめ。
ミニミールプレップを補食に

日々トレーニングを重ねているアスリートにとって、試合前の食事はとても大切。ここでもミールプレップが役立ちます。

試合の1〜2週間前は、低脂質の食事にするのがベストです。ストレスがかかりやすい時期でもあるので、ビタミンやミネラルを豊富に含む食材も意識して取り入れること。それには、Part2〜4のミールプレップがぴったりです。どれも低脂質なうえ、ビタミンとミネラルをしっかり補給できます。

試合当日は、試合の3時間前までに食事を済ませるようにしましょう。そうすれば、消化吸収が終わってエネルギーが蓄えられた状態で、パフォーマンスを最大限に発揮できます。手軽に食べられて、炭水化物をしっかり摂取できるPart4のワンディッシュのミールプレップがおすすめです。

食事をとってから試合まで時間が空く場合は、ミニミールプレップを補食として取り入れて。おからパウダー蒸しパンや、おからパウダーチーズケーキは、エネルギーチャージにぴったりです。チョップドサラダも、ビタミンやミネラルの補給源として準備しておくといいでしょう。

アスリートにおすすめ！ミールプレップ

試合当日は、炭水化物をしっかりとってエネルギーを蓄えること。
肉を食べたいなら、消化する際にエネルギーを使ってしまうブロック肉は避け、
消化のいいひき肉料理を選んで。また、補食からもエネルギーをチャージ。

▶ エネルギーを蓄えやすい

ツナと野菜の
風味が◎

豆乳ペンネ弁当
(→P80)

ごろごろ
具材で満足

**タコライス風
弁当**(→P84)

スパイシーな
おいしさ

**手作りツナペンネ
弁当**(→P78)

▶ 補食

レモンの風味が
さわやか

**おからパウダー
チーズケーキ**
(→P136)

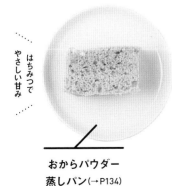

はちみつで
やさしい甘み

ブルーベリーで
満足感アップ

**おからパウダー
蒸しパン**(→P134)

チョップドサラダ
(→P120)

INDEX

PROFILE

牛尾理恵 うしお りえ

料理研究家。栄養士。東京農業大学短期大学部を卒業後、栄養士として病院の食事指導に携わる。料理の制作会社に勤務後、独立。手軽に作れてバランスがよい料理や、おいしくてやせるレシピに定評がある。『ラクうま！健康！大豆缶レシピ』（河出書房新社）、『ぜ〜んぶ入れてスイッチ「ピ！」炊飯器で魔法のレシピ100』（主婦の友社）、『40歳からカラダを変えた料理家の筋肉をつくる最強メソッド』（朝日新聞出版）など著書多数。

STAFF

撮影／松島 均

アートディレクション／川村哲司 (atmosphere ltd.)

デザイン／吉田香織　長谷川圭介 (atmosphere ltd.)

イラスト／イシバシアキ

スタイリング／ダンノマリコ

調理アシスタント／上田浩子　高橋佳子

編集・構成／丸山みき（SORA企画）

編集アシスタント／柿本ちひろ（SORA企画）

栄養計算／角島理美

企画・編集／森 香織（朝日新聞出版　生活・文化編集部）

冷凍できるお弁当 ミールプレップ

著　者　牛尾理恵

発行者　橋田真琴

発行所　朝日新聞出版
　　　　〒104-8011
　　　　東京都中央区築地5-3-2
　　　　電話 (03) 5541-8996（編集）
　　　　　　 (03) 5540-7793（販売）

印刷所　図書印刷株式会社

©2020 Asahi Shimbun Publications Inc.
Published in Japan by Asahi Shimbun Publications Inc.
ISBN　978-4-02-333317-8